Jiu-jitsu brasilero

Guía completa de fundamentos básicos para principiantes del BJJ y su comparación con el jiu-jitsu japonés

Tabla de contenidos

Introducción

¿Está interesado en aprender sobre el *jiu-jitsu* brasilero? También conocido como el arte suave, el BJJ (*jiu-jitsu* brasilero) se hizo famoso a principios de los 90, cuando Royce Gracie, un experto en *jiu-jitsu*, ganó tres veces (primera, segunda y cuarta clasificación respectivamente) en el *Ultimate Fighting Championships*.

Los oponentes de Gracie eran mucho más corpulentos y estaban muy entrenados en otros estilos y técnicas como la lucha libre, el karate, el *muay thai* y el boxeo, pero él fue capaz de derrotarlos. Su éxito fue la razón por la que el *jiu-jitsu* se convirtió en un popular estilo de MMA cuyo enfoque principal es la lucha desde el suelo.

El BJJ es una técnica de arte marcial que da a los practicantes más débiles y pequeños la oportunidad de defenderse con éxito de atacantes más fuertes y grandes. Se centra en la lucha desde el suelo, los agarres y la aplicación de llaves y estrangulamientos para derrotar a los oponentes. También incluye puñetazos, derribos y patadas.

La clave es el apalancamiento, que permite incluso a alguien pequeño aprender la técnica y dominarla.

La buena noticia es que cualquiera puede aprender el *jiu-jitsu* brasilero y dominarlo. Todo lo que se necesita es acceder al material y entrenamiento adecuados para abordar cada detalle importante sobre cómo practicarlo. El material de este libro está escrito pensando en el lector, concentrado en detallar las acciones y técnicas de este arte marcial.

El aspecto más importante del *jiu-jitsu* es el agarre, y usted puede dominarlo eficientemente con este libro como guía. Lo mejor de este material de lectura es que está escrito para que se comprendan con facilidad y rapidez conceptos, técnicas, variantes y otros aspectos importantes del BJJ. Está escrito en términos sencillos y fáciles de comprender.

Leyéndolo, sabrá la mayoría, si no todo, lo que necesita saber sobre BJJ y comenzar su viaje para convertirse en un maestro. Poniendo en práctica los conocimientos aquí adquiridos, disfrutará de los gratificantes beneficios de practicar BJJ, incluyendo un mejor equilibrio y coordinación, autodisciplina, confianza y concentración mental.

Se aconseja decididamente combinar este material con vídeos relevantes de *jiu-jitsu* brasilero para acceder a información visual más activa. Así, será más fácil seguir las técnicas e instrucciones de este libro.

Capítulo 1: ¿Qué es el jiu-jitsu brasilero?

El *jiu-jitsu* brasilero, también conocido como BJJ, es una forma de arte marcial con técnicas que se centran en el agarre. Este arte marcial basado en la lucha también hace hincapié en el uso de la palanca, técnicas de estrangulamiento y bloqueos de articulaciones para someter a los oponentes. Es ampliamente reconocido como un método muy eficaz de combate sin armas, que sigue aumentando su popularidad por estar constantemente representado en organizaciones mundiales de deportes de combate como la UFC.

Una breve historia del BJJ

Las raíces del *jiu-jitsu* brasilero se remontan al judo Kodokan japonés, un arte marcial adaptado originalmente del *jujutsu* japonés de Jigoro Kano. El judo, que fue clasificado como arte marcial, consistía en las estrategias de apalancamiento del *jujutsu* junto con el trabajo desde el suelo. Pero el enfoque del suelo era limitado, hecho que está relacionado con la revolución del BJJ.

En 1904, uno de los mayores expertos en el trabajo desde el suelo del judo, Mitsuyo Maeda, viajó de Japón a diferentes lugares del mundo para enseñar judo. Sus enseñanzas se enfocaban principalmente en las técnicas de lucha desde el suelo. Maeda llegó a Brasil en 1914, donde comenzó a enseñar y trató de construir una comunidad japonesa.

Carlos Gracie, uno de los alumnos de Maeda en Brasil, estudió con él durante unos cinco años. Gracie transmitió las técnicas aprendidas de Maeda a sus cuatro hermanos, y en 1925 abrieron la primera academia de *jiu-jitsu* de Brasil.

El hermano de Gracie, Hélio, tenía mala salud y era de baja estatura. Como era más pequeño, le animaron a prestar más atención al uso de las técnicas que Maeda enseñaba. Empezó a entrenar y a adaptar incluso las técnicas y conceptos más básicos del judo, integrando el apalancamiento. Sus adaptaciones le permitían luchar contra oponentes más pequeños y vencer a los más grandes.

También empezó a modificar y mejorar las técnicas básicas del judo. Esto condujo al desarrollo y la evolución del Gracie *jiu-jitsu*, más popularmente conocido como *jiu-jitsu* brasilero, una versión más eficaz y suave del arte.

Además, en la época en que evolucionó el judo, hubo algunos cambios en las reglas que redujeron el trabajo desde el suelo y se centraron más en los apalancamientos. Esto también limitó el uso de llaves legales. Durante este periodo, el BJJ comenzó a surgir como un deporte diferente del judo. En el BJJ, los participantes pueden realizar todos los derribos del judo.

Aparte de eso, Hélio Gracie enfatizó en la lucha de contacto total en el BJJ, incluyendo golpes y aumentando la practicidad del deporte como una forma de defensa personal. Estas reglas hicieron que el BJJ siguiera evolucionando como un sistema de lucha distintivo y único en Brasil.

Esto dio lugar a competiciones en las que los participantes de BJJ competían con otras disciplinas de artes marciales en combates sin reglas. Gracias a estas competiciones, la eficacia del BJJ como sistema de lucha fue ampliamente reconocida.

En 1972, Carley Gracie partió hacia los Estados Unidos y comenzó a enseñar BJJ allí, y Rorion Gracie lo siguió en 1978. Cuando el *jiu-jitsu* brasilero se hizo más y más popular en los EE.UU., Rorion Gracie, junto a otras personas, fundó el *Ultimate Fighting Championship*.

Durante las primeras etapas del UFC, Royce Gracie demostró lo poderoso que era el BJJ al derrotar a artistas marciales destacados de muchas otras disciplinas. La eficacia y el poder del BJJ también se demostraron a un público más amplio en el primer evento de la UFC disponible para ver por pago.

Acontecimientos significativos en la historia del BJJ

- **1925** – La Academia Gracie de *jiu-jitsu*, la primera escuela para la práctica de este deporte, fue inaugurada por el maestro Carlos Gracie.

- **1990s** – El *jiu-jitsu* brasilero comenzó a ganar reconocimiento en los Estados Unidos. Fue también durante los años 90 cuando Royce Gracie consiguió una victoria contra un fuerte oponente que practicaba otro arte marcial y consiguió el título del *Ultimate Fighting Championship* (UFC).

- **1994** – Fundación de la IBJJF (Federación Internacional de *Jiu-Jitsu* Brasilero). El objetivo de esta organización es organizar y regular las competiciones de este deporte.

Conceptos y características básicas del *jiu-jitsu* brasilero

Los conceptos básicos y fundamentales del *jiu-jitsu* brasilero consisten en llevar cualquier combate al suelo. Se usan llaves para atacar al oponente y se realizan ataques para lograr una sumisión.

Cada vez que se está debajo, el objetivo es crear distancia mediante fugas de cadera y puentes que ganen espacios y posiciones. También puede hacerse mediante fuerzas de palanca para voltear al oponente y lograr una posición más dominante.

Nota: los conceptos centrales y los fundamentos del *jiu-jitsu* se aplican en cada concepto, técnica y posición de este deporte. Si bien esta disciplina continúa adoptando nuevos métodos y técnicas, sus fundamentos básicos permanecen inalterados.

Por lo tanto, debe recordar constantemente que el objetivo principal del BJJ es vencer al oponente llevándolo al suelo, que es en lo que se basa este arte marcial. El BJJ requiere tumbar al oponente al suelo, ya que es la única manera de quitarle el poder y anular el caos que causa la lucha de pie.

Las posiciones abajo y arriba son el núcleo del BJJ porque son las únicas opciones mientras los oponentes están en el suelo. Es necesario aprender a escapar de las posiciones desfavorables y moverse a posiciones más dominantes para vencer a los oponentes o sobrevivir.

Siempre que practique BJJ, se encontrará con técnicas nuevas y modernas; algunas pueden quedar de lado. Los conceptos básicos, sin embargo, permanecen, demostrando que son realmente fundamentales. Varias técnicas aplicadas en BJJ demuestran cómo funcionan estos conceptos centrales.

Por ejemplo, el raspado de tijera demuestra la importancia de los agarres, el apalancamiento, el desequilibrio y la creación de espacio a la hora de raspar o derribar al oponente.

Comprender el sistema de cuatro pasos

Para aprender y comprender las reglas y conceptos básicos del *jiu-jitsu* brasilero es de gran ayuda familiarizarse con el sistema de cuatro pasos difundido por John Danaher. Este sistema implica llevar al oponente al suelo, pasarle las piernas por detrás, abrirse camino a través de la jerarquía de los movimientos y luego atacar con una técnica de sumisión.

La aplicación de este sistema requiere en total tres posiciones: de pie, abajo en el suelo y arriba en el suelo. El primer paso consiste en llevar al oponente al suelo con el objetivo de alejarse de la volatilidad natural de la lucha de pie.

La ventaja de llevar la lucha al suelo es que elimina la potencia de los brazos y las piernas del oponente. Una vez ahí puede abrazarlo con las piernas, lo que resulta crucial para deshacerse de los peligros que pueda significar el rival. Utilice las piernas para patear, raspando para colocarse en el suelo debajo de él.

Después de pasar las piernas, el objetivo es conseguir y mantener una posición dominante. Debe buscar las posiciones de rodilla al pecho, montada posterior, montada y control lateral, que se consideran el núcleo. Son las posiciones principales y ayudan a mantener al oponente bajo control.

Además, permiten golpear, preparar y realizar una técnica de sumisión con un riesgo mínimo. Es como estar en una partida de ajedrez, en la que necesita estar un movimiento adelante para obtener ventaja sobre el oponente.

Combates cuerpo a cuerpo

El combate cuerpo a cuerpo, que también es crucial en el *jiu-jitsu* brasilero, tiene tres grandes rangos o categorías.

Posición de pie y movimiento libre

La mayoría de los combates o peleas comienzan en posición de pie. Si el luchador lanza patadas y puñetazos, se denomina rango de golpeo. Muchas artes de golpeo, como el boxeo y el *kickboxing*, se desarrollan gran parte del tiempo en este campo. La mayoría de las artes marciales de agarre también comienzan los combates de pie, aunque a menudo pasan rápidamente al *clinch*, el segundo rango.

Clinch

El *clinch* se produce cuando los luchadores se agarran y se sostienen mutuamente de pie. Dado que ambos luchadores siguen parados, también se denomina agarre de pie. Otras artes marciales especializadas en el *clinch* o agarre de pie son la lucha grecorromana, el sambo, el *kickboxing muay thai* y el judo.

El objetivo principal del *clinch* es detener o suavizar los golpes, preparar llaves y derribos, asestar golpes y bloquear derribos hasta que alguno de los luchadores se separe. El objetivo final depende siempre de la situación y de la posición de los combatientes.

Lucha desde el suelo

El tercer rango es la lucha desde el suelo, que se produce cuando al menos uno de los dos luchadores ya no está en pie. Mientras que en varias artes marciales estar en el suelo es un fracaso, en el *jiu-jitsu* brasilero se entrena para llevar la lucha allí deliberadamente. La lucha desde el suelo es la especialidad del *jiu-jitsu* brasilero. También es esencial el entrenamiento de otras artes de agarre, como la lucha, el judo y el sambo, que también requieren pasar una parte considerable del tiempo luchando desde el suelo.

¿Por qué el BJJ se enfoca en los agarres y la lucha desde el suelo?

Lo más común es que los combates largos atraviesen el *clinch*, y es a partir de ahí que los luchadores llevan el combate al suelo. En la mayoría de los casos, estar en el suelo es el resultado de un derribo intencional, un empujón de patio de colegio o una pérdida de equilibrio, como un tropiezo o una sacudida a causa de un fuerte puñetazo.

Algo crucial para recordar es que los Gracies se ganaron una excelente reputación ateniéndose a la premisa de evitar ser noqueado mientras se estaba de pie. Su objetivo era controlar al oponente una vez que estaban en el suelo. Fueron entrenados para utilizar algunos derribos rudimentarios, que conducían a la lucha en el suelo y que les ponían en posición de aprovechar al máximo la inexperiencia y la falta de familiaridad de sus oponentes con este tipo de lucha.

Cuando practique BJJ, recuerde que este deporte no tiene muchas pausas para ponerse de pie, lo que lo diferencia de otras artes marciales. Además, a diferencia del judo o la lucha libre, no se gana por inmovilización.

Por esta razón, los luchadores de BJJ se inclinan más a la lucha desde el suelo, que es el área donde se desarrollan la mayoría de los combates, y permanecen ahí dejando que el combate fluya de forma natural.

Jerarquía de posiciones dominantes

Otro de los conceptos y teorías más fundamentales que hay se deben conocer sobre el *jiu-jitsu* brasilero es la jerarquía o dominancia posicional. Este concepto implica posiciones específicas que producen mejores o peores resultados, por lo que es crucial conocerlas y saber qué hacer al encontrarse con ellas.

Conocer la dominancia o jerarquía posicional le da una clara comprensión de lo que ocurre en la pelea desde el suelo y le permite protegerse y tener más posibilidades de ganar la pelea. Si está en la posición superior o dominante, la jerarquía tradicional es:

- Montada posterior.

- Montada.

- Rodilla al pecho.

- Control lateral.

- Tortuga.

- Media guardia abierta y cerrada.

Si está en el lugar desfavorable de las posiciones mencionadas, esta misma jerarquía se invierte, lo que significa que la peor de las posiciones mencionadas es la de la parte superior, disminuyendo su desventaja a medida que baja por las diferentes posiciones.

Para vencer a su oponente, debe mantener una posición dominante en la medida de lo posible. Sabrá que está en una posición dominante si puede mantenerla fácilmente en lugar de escapar de ella. Una posición dominante también le permite apalancamiento y ventaja mecánica. Lo mantiene a salvo de llaves y golpes, dándole muchas oportunidades de terminar el combate mediante sumisiones o golpes a su oponente.

Durante un combate o una pelea de BJJ, se ganan puntos a medida que se adoptan varias posiciones dominantes desde el suelo. Aquí tiene una idea del sistema de puntuación de BJJ basado en posiciones dominantes:

- Montada posterior = 4 puntos

- Paso de guardia = 3 puntos

- Montada = 4 points

- Derribo de pie = 2 puntos

- Rodilla al pecho = 2 puntos

- Raspado desde guardia = 2 puntos

Posición previa a la sumisión

El *jiu-jitsu* brasilero también opera según su mantra tradicional, que es «posición antes que sumisión». Esto significa que lograr una jerarquía posicional segura es más importante que la sumisión.

Por ejemplo, no es prudente someter a su oponente si está en una mala posición o en su guardia (defensa). Tampoco es aconsejable caer o precipitarse en llaves de brazos que pueden fallar, arriesgándose a quedar debajo del oponente.

A medida que adquiera más experiencia y habilidades en este deporte, puede ajustar su mantra, porque mejorar sus habilidades le dará más confianza y seguridad sobre sus posibles escapes y defensas.

En otras palabras, aunque haya fracasado en sus intentos de sumisión, las habilidades aprendidas con el entrenamiento y la experiencia le ayudarán a recuperar la confianza e intentar otro movimiento más eficaz. Sin embargo, los principiantes deben atenerse al mantra, ya que requiere concentrarse en la posición antes que en la sumisión, lo que es la base del BJJ.

Beneficios de aprender BJJ

Ahora que ya conoce los conceptos básicos y los fundamentos del BJJ, es hora de aprender más sobre los beneficios que puede obtener aprendiendo este antiguo arte marcial. En esta sección, aprenderá más sobre los beneficios de practicar *jiu-jitsu* brasilero y cómo puede sacar provecho de ellos.

Es una forma de defensa personal

Al practicar *jiu-jitsu* brasilero, aprende movimientos que resultan útiles en una situación en la que necesite protegerse, especialmente una confrontación física. Como sistema probado de defensa personal, el BJJ lo entrena para defenderse de cualquier ataque y saber exactamente cómo llevar a su atacante al suelo, controlarlo y evitar que le haga daño.

Mejora la forma física

Indiscutiblemente, el *jiu-jitsu* brasilero es una gran forma de ejercicio. Cada ronda de entrenamiento, también conocida como *roll*, dura unos cinco minutos, pero incluye varios movimientos de todas las intensidades con un descanso mínimo. El BJJ es un entrenamiento fantástico que requiere resistencia aeróbica y anaeróbica. Dedicar media hora a entrenar duro ayuda a quemar unas 500 calorías.

Beneficia la salud mental

Otro increíble beneficio del *jiu-jitsu* brasilero es que mejora su salud mental. Incluso alivia el estrés, lo que mejora el estado de ánimo. Cada vez que se desliza sobre su esterilla para practicar *jiu-jitsu*, tiene la oportunidad de desconectarse del mundo y de sus preocupaciones.

El *jiu-jitsu* brasilero ayuda a vivir el presente, lo que es beneficioso para reforzar la autoestima y tener una imagen positiva de sí mismo. Es beneficioso para la salud mental, ya que ayuda a evitar la depresión y la ansiedad.

Construye disciplina

Los desafíos mentales y físicos que implica practicar BJJ construyen y fomentan la disciplina. Por ejemplo, asistir a clase todas las semanas sin falta ya desarrolla la disciplina. También debe ser disciplinado para afrontar las derrotas, lo que es esencial para lograr el crecimiento.

Mejora la capacidad para resolver problemas y el pensamiento creativo

Sus habilidades para resolver problemas y el pensamiento creativo están todo el tiempo a prueba cuando practica *jiu-jitsu* brasilero, razón por la cual muchos se refieren a este deporte como un juego de ajedrez humano. Este arte marcial se adapta constantemente a los distintos tipos de cuerpos, técnicas y estilos.

Su cerebro se entrena para pensar de forma creativa y calmada, incluso bajo estrés y presión, y para superar y manejar problemas complejos. Su capacidad de adaptación y la claridad del pensamiento también mejoran, ya que se encuentra con retos diferentes cada vez que practica este deporte.

Salir de su zona de confort es posible si practica BJJ constantemente. Este deporte le retará a crecer y a aprender algo nuevo constantemente. Estará listo para vencer sus miedos y perseguir cosas que antes creía imposibles. El arte marcial BJJ es, por tanto, valioso para su crecimiento personal.

Capítulo 2: Consejos para todo tipo de practicantes de BJJ

Como ya se ha dicho, el *jiu-jitsu* brasilero es un arte marcial basado en la lucha desde el suelo en el que se usan diferentes estrangulamientos y bloqueos articulares para vencer al oponente. Cualquiera con experiencia en el judo o la lucha libre entiende inmediatamente que el *jiu-jitsu* representa un desafío único y diferente.

Antes de someter al oponente, es importante llevarlo a la lona. Una vez en el suelo, resultan útiles las habilidades de judo y varias técnicas de derribo y lanzamientos. El tiempo que se pasa de pie en el BJJ transcurre sobre todo intentando derribos, técnicas de agarre y zancadillas.

Aunque estar de pie también es vital en BJJ, la lucha desde el suelo es el aspecto más importante. El objetivo final de este tipo de lucha es conseguir una posición dominante a través de movimientos efectivos y la aplicación de una amplia gama de técnicas para terminar la pelea.

Al igual que otras artes marciales, los principios del BJJ están firmemente basados en la tradición, el respeto y el honor. Por lo tanto, los principiantes deben abandonar el exceso de confianza y el egoísmo cuando asisten a clase.

Además, es importante tener en cuenta que el único medio aceptable para superar las dificultades en el *jiu-jitsu* brasilero es la humildad. Sea humilde y escuche atentamente lo que le enseñan sus entrenadores; también puede pedir consejo a sus compañeros más experimentados y hábiles.

Prepararse para la primera clase de BJJ

La clave para que un principiante supere las dificultades iniciales del entrenamiento en *jiu-jitsu* brasilero es que esté totalmente preparado para la primera sesión. Cualquiera que se tome en serio el aprendizaje y el dominio del BJJ puede experimentar un desagradable sudor en las manos y mariposas en el estómago, especialmente si todavía no sabe qué esperar cuando llega por primera vez a la academia que ha elegido.

Muchas escuelas de *jiu-jitsu* brasilero permiten a los alumnos nuevos asistir primero a una clase. Así, pueden conocer a un instructor y tienen la oportunidad de hacer algunas preguntas antes de empezar a entrenar. Algunas escuelas ofrecen incluso una clase de prueba gratuita, lo que permite a los aspirantes decidir si quieren seguir adelante con el entrenamiento.

¿Cómo vestirse?

Como principiante, no tiene que invertir en un *Gi* de BJJ para su clase de prueba o para la primera sesión. Una camiseta o una licra y unos pantalones cortos serán suficientes. Asegúrese de no llevar ropa con bolsillos, tejidos holgados o pasadores para el cinturón, ya que pueden resultar peligrosos, especialmente para los dedos de los pies y las manos.

También es aconsejable llevar chanclas en lugar de zapatos, ya que en el tatami no se lleva calzado. Si decide seguir adelante con el BJJ después de la sesión de prueba, la compra de un *Gi* es una prioridad y deberá usarlo en todas las clases.

El uniforme tradicional de BJJ necesita un cinturón para mantener la chaqueta en su sitio. Además, también se utiliza para algunas posiciones defensivas u ofensivas que aprenderá durante el entrenamiento. Los cinturones también representan su rango como artista marcial de *jiu-jitsu* brasilero. También necesitará pantalones cortos de agarre, que no se deslicen con facilidad y le permitan moverse con la flexibilidad necesaria en el suelo. Una licra es siempre una buena idea, ya que absorbe la humedad y mantiene el cuerpo fresco durante las sesiones de entrenamiento y los combates.

A pesar de que en el BJJ no hay patadas ni puños, tendrá que llevar un protector bucal, que se usa por seguridad en caso de caídas de cabeza o algún accidente durante el entrenamiento.

También es posible que quiera protectores inguinales, ya que esa zona está muy expuesta en el BJJ y puede sufrir una lesión. Los cascos o protectores auriculares se utilizan para resguardar la cabeza y las orejas. Durante los combates se agarra de la cabeza, lo que puede provocar lesiones graves en los oídos como la oreja de coliflor, que es una lesión muy común en BJJ. Como principiante, también es recomendable que use rodilleras y protectores, ya que puede caer sobre las rodillas.

Higiene

Una higiene adecuada también es imprescindible antes de entrar a la primera clase. Asegúrese de tener las uñas de los pies y las manos bien arregladas. Si tiene el pelo largo, átelo en un moño o una cola durante la clase. Quítese los *piercings* y las joyas para evitar lesiones. En general, debe mantenerse limpio porque nadie quiere entrenar con un compañero descuidado. Debe asegurarse de ser el tipo de persona con la que otros quieren entrenar. Mantenga su uniforme siempre limpio y su aliento fresco para no alejar a sus compañeros de entrenamiento y evitar que la experiencia sea desagradable para los demás.

¿Qué esperar durante la primera clase?

Dado que es la primera vez que asiste a una clase de BJJ, es aconsejable que llegue temprano. Si es posible, acuda a la escuela o academia entre cinco y diez minutos antes de la hora programada para la clase. De esta forma, tendrá tiempo de presentarse a su instructor. Si aún no ha visitado la escuela, puede aprovechar esos minutos extra para ver qué hay disponible.

Además, tenga en cuenta que le pueden pedir que firme un formulario de indemnización antes de asistir a su primera clase o a la clase de prueba. Antes de que empiece la clase, vístase adecuadamente para el entrenamiento y haga algunos estiramientos para preparar su cuerpo.

Cada sesión de entrenamiento comienza con una formación, así que esté preparado para que esto ocurra la primera vez que asiste a la clase. Tenga en cuenta que esta formación no es como la tradicional de las clases de *kickboxing*. En BJJ, los grupos se dividen en función de los niveles de experiencia y los cinturones. Puesto que usted aún es un principiante sin cinturón ni experiencia, se alineará al final, junto a los demás principiantes.

Sesiones de calentamiento

Su primera clase de BJJ le enseñará la importancia del calentamiento. La sesión de calentamiento es similar a las de otros deportes. Sin embargo, si el calentamiento no es su punto fuerte, evite apresurarse. Le conviene guardar su energía para lo que sigue.

Además, tenga en cuenta que debido a su condición de principiante, es posible que pase más tiempo observando a su instructor mientras él le muestra las técnicas básicas de BJJ y la lógica que hay detrás de cada una. Durante esta etapa inicial, lo más probable es que aprenda las siguientes posiciones en el suelo:

- Suelo (guardia abierta, cerrada y media guardia).
- Montadas completas y posteriores.
- Control lateral.

Algunos instructores permiten un calentamiento ligero, mientras que otros comienzan sus clases con un acondicionamiento intenso. Algunas clases comienzan con un calentamiento grupal que puede incluir flexiones y vueltas corriendo. Estos calentamientos grupales van seguidos de ejercicios individuales, como caídas hacia delante y hacia atrás y «shrimping» (fugas de cadera en el suelo).

Puede que algunos movimientos sean nuevos para usted, pero no se preocupe. Observe lo que hacen los demás e imítelos. Su objetivo es aprender a caer al suelo con seguridad. Además, como principiante, sea indulgente con usted mismo. No sea demasiado duro si le cuesta hacer correctamente los ejercicios y el entrenamiento al principio.

Recuerde que nadie puede hacerlo todo bien el primer día. Requiere mucha práctica. Con disciplina y perseverancia, obtendrá un cinturón más alto. Su instructor le enseñará a hacer correctamente los movimientos y técnicas de BJJ.

Qué buscar en un instructor de BJJ

Encontrar el instructor de BJJ adecuado es uno de los pasos más importantes en su camino hacia el cinturón negro. Sin el profesor adecuado, puede frustrarse fácilmente o lesionarse. Un buen instructor lo incitará a mejorar, y usted querrá hacerlo, pero no será tan autoritario y odioso para impedir que disfrute de la experiencia. Al fin y al cabo, por duro y desafiante que sea este deporte, debe disfrutar y pasarla bien en sus clases de BJJ. Esto es lo que debe buscar en un instructor de BJJ:

Conocimientos y habilidades: Lo primero que se busca en un instructor de BJJ son conocimientos técnicos. No es necesario que sea un campeón del mundo ni nada parecido, solo alguien que haya practicado este deporte el tiempo suficiente para saber lo que hace. Recuerde que los campeones no necesariamente son buenos entrenadores. De hecho, en muchos casos no lo son. Usted necesita un entrenador de *jiu-jitsu* brasilero con los conocimientos necesarios sobre los fundamentos del deporte y los detalles específicos de cada técnica. El conocimiento momentáneo del instructor no es lo único a tener en cuenta, sino también, ¿cuán dispuesto está a aprender y crecer? Lo último que necesita es un profesor rígido que no esté dispuesto a aprender y a enseñar nuevos movimientos.

La pregunta es: ¿cómo saber si su profesor tiene buenos conocimientos técnicos y habilidades? Asista a una o dos clases con él y observe cómo hace las cosas. Si su profesor se limita a hacer movimientos rápidamente y no se toma el tiempo de explicarle los detalles de cada movimiento y por qué lo hace así, lo más probable es que sus conocimientos técnicos no sean muy buenos y no tenga mucho para enseñar. Un instructor experto le explicará cómo se hace cada cosa y cómo reproducir cada movimiento. Se tomará el tiempo necesario para explicarle hasta el más mínimo detalle y responderá a cualquier pregunta que usted tenga.

Nivel de cuidado: Lo último que necesita es un instructor de BJJ que no preste atención a lo que usted hace en la clase. Es común encontrar entrenadores principales que simplemente caminan por la escuela, observando a los estudiantes realizar sus técnicas, haciendo un comentario aquí o allá. Este no es un buen enfoque para aprender *jiu-jitsu*. Se necesita experiencia práctica, un entrenador que suba al *ring* y le ayude a aprender y crecer, no que se quede sentado mirando las redes sociales. Su instructor de BJJ debe participar activamente en su entrenamiento. También es un signo de respeto por el deporte y por usted; el respeto siempre ha sido y será una piedra angular de las artes marciales.

Está pagando mucho dinero por sus clases, así que el entrenador principal debe ser quien lo entrene. Asegúrese de que no lo dejen en manos de un instructor inexperto que está aprendiendo. Además, la atención que usted recibe en la escuela se demuestra con el estilo de enseñanza. ¿Existe un plan de estudios claro?, ¿o se limitan a hacer las cosas sin seguir un plan adecuado? Necesita un plan con objetivos finales para controlar y evaluar sus progresos. La improvisación no es el camino correcto en las artes marciales. Un plan claro que se sigue con todos los alumnos nuevos garantiza que está tratando con profesionales que saben lo que hacen.

Habilidades comunicativas: Un buen profesor es un buen comunicador, ya sea con las ciencias o con las artes marciales. Enseñar BJJ no solo requiere habilidades físicas, sino también verbales. ¿Qué tan bueno es su instructor a la hora de explicarse? ¿Es claro en sus instrucciones? Un instructor puede tener todo el conocimiento técnico y la experiencia del mundo, pero si no transmite eficazmente esa información, no es beneficioso para sus alumnos. El lenguaje corporal también marca la diferencia. ¿Es accesible?, ¿es el tipo de persona a la que puede expresar sus preguntas e inquietudes? No querrá entrenar con un instructor de BJJ que lo confronte y que no esté abierto a preguntas. Tampoco quiere que le enseñe alguien a quien no le gusta lo que hace y siempre está esperando a que terminen las clases.

Esto nos lleva a la paciencia, la cualidad más necesaria en un instructor de BJJ. Mejorar en este deporte lleva mucho tiempo y al principio le costará aprender nuevos movimientos y entender las nuevas técnicas. Necesita un instructor paciente que le dé el tiempo que necesita para aprender. Muchos instructores olvidan lo aterrador que es empezar algo nuevo, especialmente cuando se trata de las artes marciales, y muestran frustración ante la incapacidad de sus alumnos para comprender los términos y los movimientos. naturalmente, esto se refleja en los sentimientos de los estudiantes, que empiezan a sentir su frustración. Si desde el principio se da cuenta de que su instructor es impaciente, debe buscar otro. Un instructor paciente le ayuda a aprender y le ofrece un espacio seguro para hacerlo. Su paciencia también influye en los alumnos con cinturones más avanzados, que serán igual de pacientes que su profesor con los principiantes. Esto crea un entorno saludable para que los alumnos de todos los cinturones crezcan y aprendan juntos, sin prisa. Además, crea un poderoso vínculo entre usted y su instructor que es muy difícil de romper.

Conducta: Un buen instructor de BJJ se comporta tan bien fuera del *ring* como dentro de él. Debe encontrar un instructor cualificado que además sea una persona decente. Como verá a lo largo de este libro, en el *jiu-jitsu* brasilero (como en muchas artes marciales) se debe ser humilde y soltar el ego. Se trata de ser honorable y amable. Por eso es tan importante el comportamiento del entrenador fuera del *ring*. No querrá que le enseñe un maltratador o un acosador que utiliza sus conocimientos en artes marciales para aterrorizar a los más débiles. Puede pensar que la separación entre las habilidades de enseñanza y la conducta es posible, pero no lo es, y antes de que se dé cuenta, podría convertirse en alguien como él y hacer un mal uso de las habilidades aprendidas.

Asegúrese de leer en internet sobre su entrenador y ver qué dicen otros alumnos sobre su comportamiento. Si alumnos antiguos o padres dicen que el instructor es abusivo o un acosador, aléjese de él. Si no encuentra mucho sobre el entrenador en internet, tome algunas clases con él y compruebe si su actitud y la visión de la escuela se adaptan a lo que busca antes de continuar.

Primeras técnicas de BJJ

Después del calentamiento, es posible que su instructor lo empareje con alguien. También puede que tenga que quedarse a un lado del tatami con otros principiantes observando y practicando técnicas básicas de BJJ. Pero en algunos casos entrará directamente a la clase.

Algunas escuelas permiten practicar BJJ basándose en un plan de estudios para principiantes, mientras que otras requieren que aprenda las técnicas que se enseñan el día de su primera clase. Algunas de las técnicas básicas que probablemente aprenderá durante su primera clase de BJJ son el raspado de tijera, el escape de la montada, el control lateral y escape, y el paso de guardia.

Si está en la clase principal, informe a su compañero que es su primera lección. Así, él sabrá tomarse las cosas con calma, guiarlo y enseñarle.

Después de la primera clase, reflexione sobre su experiencia general para decidir si continuar con el entrenamiento. Si decide continuar, acuerde las cuotas de afiliación y la disponibilidad de clases; además, tendrá que conseguir un *Gi*. Puede comprar su *Gi* de BJJ a la mayoría de instructores y en las tiendas de artes marciales de confianza.

Consejos esenciales para principiantes en jiu-jitsu brasilero

Una vez que decide seguir adelante con el entrenamiento, debe armarse con valiosos consejos aparte de los aprendidos en su primera clase. Guiarse con consejos adicionales disminuye la sensación intimidante de aprender el arte del *jiu-jitsu* brasilero.

Comprometerse a entrenar con constancia

Obviamente, el entrenamiento constante es vital para dominar el *jiu-jitsu* brasilero. Aunque no hay garantía de que usted participe en todas las sesiones de entrenamiento, especialmente si tiene emergencias, debe mantenerse enfocado constantemente en el entrenamiento. Esa constancia es la clave para desarrollar sus habilidades mientras se mantiene al día con la clase.

Por ejemplo, si su instructor enseña una técnica, posición o movimiento específico durante una semana y usted solo participa en la clase final, le resultará más difícil completar toda la secuencia.

Por lo tanto, comprométase a practicar y repetir y notará una mejora significativa en su rendimiento.

Entrene al menos dos o tres veces a la semana y, si es posible, realice entrenamientos adicionales: quédese después de clase para hacer movimientos adicionales, asista a los tapetes abiertos y realice ejercicios individuales desde casa. También puede coordinar con los miembros de su equipo para entrenar incluso durante las horas en que el gimnasio no está abierto. La práctica adicional será suficiente para notar un progreso constante en su desempeño en el *jiu-jitsu* brasilero.

Preguntar

Como principiante, tendrá muchas preguntas sobre la práctica del *jiu-jitsu* brasilero. No dude ni tenga miedo de hacer cualquier pregunta que se le pase por la cabeza durante las clases. Si no plantea sus dudas, es posible que le resulte difícil dominar esta actividad.

Por suerte, la mayoría de los miembros veteranos, entrenadores o instructores estarán cerca para responder a sus preguntas e inquietudes sobre el BJJ. Puede que tenga que esperar a una sección de preguntas y respuestas, que suele tener lugar al final de cada clase o entrenamiento, para plantearlas.

Además, procure seguir consejos de practicantes con más experiencia después de cada sesión de entrenamiento. Sus compañeros estarán más que dispuestos a ofrecerle lo que saben sobre este deporte, y puede pedirles opiniones sinceras sobre su rendimiento.

De este modo, conocerá sus errores y las áreas específicas en las que debe mejorar. Todos estos detalles cumplen un papel crucial en su rendimiento y, sin duda, le ayudan a progresar.

Llegar temprano

Otro consejo crucial para los principiantes de *jiu-jitsu* brasilero es llegar a clase lo antes posible, o al menos diez minutos antes de la clase programada. Así tiene tiempo suficiente para cambiarse, relajarse y subir a la colchoneta para la sesión de calentamiento.

Si por alguna razón llega tarde a una sesión, informe a su instructor. Pida disculpas por su retraso y salga a la colchoneta sin demora. Independientemente de lo que haga, intente deslizarse sobre su esterilla sin que se note, ya que puede interrumpir el entrenamiento de toda la clase.

Mantener cortas las uñas de las manos y los pies

Cuando asista a clases de *jiu-jitsu* brasilero, debe mantener cortas las uñas de las manos y los pies para no sufrir lesiones ni ocasionarlas a sus compañeros de entrenamiento durante la práctica de los ejercicios. Esto no es una exageración, ya que las uñas largas de las manos y los pies pueden causar daños durante las sesiones de BJJ, y hay muchas personas con cicatrices que sirven como prueba de los daños que pueden causar.

Además, las uñas contienen muchas bacterias que pueden infectar los cortes. Por lo tanto, asegúrese de cortar sus uñas antes de asistir a clase. También es una muestra de buena higiene.

Dominar primero los movimientos fundamentales

Como principiante, es imperativo evitar los movimientos complejos antes de dominar los fundamentales. Como cinturón blanco (un nuevo estudiante de *jiu-jitsu* brasilero), debe concentrarse en aprender y dominar los movimientos fundamentales y prepararse para acciones más complejas. Inicialmente, debe concentrarse en los movimientos fundamentales: fugar, puentear, raspar y levantarse.

- **Puente** – Acuéstese boca arriba y levante ambas rodillas, manteniendo las piernas flexionadas a 90 grados, formando un puente al levantar las caderas.

- **Fuga de cadera** – Este movimiento trabaja la movilidad, incluso cuando está boca arriba, requiriendo que utilice las caderas y los hombros como pies para desplazarse cómodamente.

- **Raspado** – En este movimiento de BJJ, debe utilizar ambos pies para mover las piernas y la base de su oponente. El objetivo de este movimiento es forzar una mejor posición en el suelo para aumentar sus posibilidades de ganar.

- **Levantarse** – Por supuesto, esto implica pasar a la posición de pie. Sin embargo, es importante seguir un levantamiento técnico, ya que lo más vital es no comprometer la cabeza.

La «fuga de cadera» y el «puente» son dos de los movimientos más importantes, porque conectan todos los demás movimientos y técnicas. Es crucial perfeccionar el puente antes de aprender a escapar de una posición desfavorable y no deseada. Además, debe desarrollar la fuga de caderas por ambos lados y mejorar la capacidad de levantarse y realizar un buen raspado antes de intentar sumisiones y posiciones más avanzadas y complejas. Si perfecciona sus habilidades en estos movimientos fundamentales y logra conectarlos entre sí, alcanzará un avance significativo como principiante (cinturón blanco).

Relajarse al hacer una voltereta

Otro consejo esencial para los principiantes de *jiu-jitsu* brasilero es dejar de lado el nerviosismo, la ansiedad y la tensión durante la primera voltereta. La primera vez que realiza una voltereta es también su primera oportunidad de poner en acción todo lo que ha practicado y aprendido.

Recuerde que aún está en la fase inicial de su viaje, por lo que su comprensión y conocimientos sobre esta posición pueden ser limitados. Pero esto no es motivo para que se sienta nervioso y tenso en su primer intento. Suelte estas emociones y acepte que todavía es un principiante; todo lo que puede hacer ahora mismo es dejarse llevar.

También puede aprovechar esta oportunidad para probar cosas nuevas, cometer errores y asumir algunos riesgos. Aprenda a relajar el cuerpo antes de realizar este movimiento y manténgase cómodo todo el tiempo, ya que esta es la clave para intentar varias veces y acelerar su proceso de aprendizaje.

Entrenar la fuerza y la resistencia

Integre algo de entrenamiento de fuerza y resistencia en sus rutinas. Necesita estas habilidades para realizar movimientos de *jiu-jitsu* brasilero con mayor eficacia y facilidad. No es necesario que se convierta en un levantador de pesas o en un corredor de fondo. Simplemente tiene que entrenar la fuerza y la resistencia para estar en mejor forma para el BJJ y evitar lesiones.

No llevar el ego a las clases de BJJ

Lo mejor es que deje su ego en casa. Si su objetivo de entrenar es demostrar que es bueno en algo, pare ahora. Recuerde, como principiante, solo evolucionará en este arte marcial si entrena con humildad y deja de lado el egoísmo. Conseguirá mejores resultados si entrena con la mente abierta.

He aquí algunos puntos que debe recordar durante el entrenamiento para seguir practicando con humildad y mente abierta:

- Nunca espere aprenderlo todo, sobre todo si está empezando.

- Evite hacerse daño e intente tantas veces como sea necesario.

- Evite forzar una postura si su pareja no quiere. Por ejemplo, si no le gusta chocar, no lo fuerce. No se beneficiará de ello y solo conseguirá perjudicar a su pareja.

- No se castigue cuando se equivoque. Permítase cometer errores de vez en cuando y aprenda más de ellos.

- Reciba todos los consejos sobre BJJ con la mente abierta.

Nunca deje que su ego se manifieste durante su entrenamiento. De lo contrario, puede dañarlo y obligarlo a dejar de entrenar. La humildad es muy necesaria para tener éxito en el BJJ; debe mantener la cabeza baja y comprometerse a entrenar duro.

Hablando de humildad, póngase como objetivo convertirse en una mejor versión de usted mismo en vez de mirar a los demás cuando entrene BJJ. La filosofía de las artes marciales, en general, no consiste en superar a los demás, sino a uno mismo. Esto no es solo una lección de humildad, sino una forma de mantener un progreso constante sin sufrir contratiempos ni frustraciones. La forma más segura de obstaculizar su propio progreso es compararse con los demás. Todos tenemos nuestro propio viaje, y el suyo es especial y único. Mirar lo que hacen los demás y compararse con ellos solo lo deprimirá. Puede que las personas con las que se compara tengan horarios más libres para practicar o sean atletas natos. La competencia que genera con ellos no tiene sentido y no le favorece de ninguna manera, así que no la inicie.

El objetivo de su alma debe ser trabajar en sus propias habilidades y mejorarlas cada día, independientemente del progreso de los demás. Adquiera la disciplina para concentrarse en su propio progreso. En lugar de preguntarse si podría derrotar a su compañero de clase, pregúntese si podría vencer al usted mismo de unas semanas atrás. Esto le ayudará a no preocuparse si sus compañeros son mejores. No importa; lo único que importa es su propio progreso.

Paciencia y constancia

Son su única esperanza si quiere mejorar en BJJ. Este tipo de lucha es una forma de arte y, como cualquier otra forma de arte, lleva tiempo dominarla. No se trata de talento o habilidades naturales, se trata de quién puede persistir y soportar el agotador proceso de entrenamiento para mejorar cada día. Lo bueno de las artes marciales es que crean una poderosa ética del trabajo, porque cada centímetro de progreso se gana con lágrimas, sudor y, probablemente, sangre. Esto hace que el camino sea muy satisfactorio, pero se necesita paciencia y confianza en el proceso.

El BJJ tiene una tasa de abandono muy alta, porque muchos principiantes se frustran cuando empiezan a entrenar. Parece duro y lo es; normalmente, se siente como algo que nunca será capaz de hacer bien. Puede pasar meses entrenando y seguir sintiendo que no va a ninguna parte, lo cual también es normal. Sin embargo, no es cierto. Está mejorando y está progresando. Simplemente no lo ve. Quienes superan estas emociones negativas y esta frustración, sí podrán verlo. Un día, entrenando con su compañero, se sentirá más fuerte y confiado, y ganará. Llegar a ser un experto en *jiu-jitsu* brasilero lleva años, no es algo que sucede tras un par de meses de entrenamiento.

Durante este viaje, resulta útil fijarse objetivos a corto y largo plazo. Sí, necesita progresar a su propio ritmo, pero eso no significa que no deba tener metas y esperanzas a largo plazo. No debe aspirar a conseguir el cinturón azul, sino el negro. Puede que ahora le parezca algo lejano, pero cuanto más trabaje e invierta tiempo en ello, más cerca estará de ese objetivo.

Retirarse

Una de las lecciones más importantes que debe recordar durante su entrenamiento para convertirse en un artista marcial de BJJ es que no debe avergonzarse por abandonar una pelea. Esto no quiere decir que deba rendirse fácilmente o abandonar cada vez que se ponga difícil, pero es importante que sepa cuándo ha perdido y se retire. Este es un error muy común entre los principiantes el de no estar dispuesto a abandonar. Aunque el espíritu de lucha es encomiable en BJJ y es algo que se debe mantener, no saber cuándo retirarse puede producir lesiones graves y complicar su viaje cuando aún está comenzando.

Recuerde que el objetivo del entrenamiento es mejorar. No tiene que demostrarle nada a nadie. En este punto del recorrido, no se trata de ganar o perder. Tiene que entrenarse para renunciar a las nociones tradicionales de ganar y perder, porque no le servirán de nada. Cuando cae, siempre aprende algo. No lo vea como una derrota, sino como una oportunidad de aprendizaje. A medida que mejore, aprenderá las técnicas necesarias para escapar de los estrangulamientos y las sumisiones. Hasta entonces, manténgase a salvo y aprenda cuándo es el momento de retirarse.

Errores comunes de principiantes de jiu-jitsu brasilero

Puede aprovechar al máximo sus clases de BJJ si conoce los errores más comunes. Esta sección habla de los errores repetidos en los principiantes de BJJ.

No aprender la forma adecuada de agarrar

El agarre contra un oponente debe servir para inmovilizarlo. Muchos principiantes no son conscientes de la importancia de realizar los agarres correctamente, y es algo que se debe dominar si se quiere tener éxito en el BJJ. Hay tres componentes fundamentales para un agarre efectivo: la fuerza de la mano, el lugar exacto del agarre y la eficiencia.

La fuerza de la mano es esencial en el *jiu-jitsu*, por lo que se debe entrenar adecuadamente este aspecto en los músculos de ambas manos. Hay algunos ejercicios destinados a fortalecer las manos, como el balanceo con pesas rusas, tirar de la cuerda, trepar por la cuerda, trabajar con pesas para los dedos y para las uñas.

También es crucial realizar un agarre eficaz, porque por muy fuertes que sean sus manos, si el agarre no es eficaz sus antebrazos se debilitarán y perderá el agarre. Entre los agarres que debe dominar como principiante se incluyen los siguientes:

- **Agarre de pistola** - Agarre el *Gi* de BJJ con el dedo meñique cerca de la muñeca de su oponente. Asegúrese de que está agarrando gran parte de la tela. El agarre es igual que al empuñar una pistola.

- **Agarre C** - Utilice cuatro dedos y curve el pulgar hacia dentro, formando una letra C, para agarrar a su oponente. Normalmente se agarra por el brazo o la muñeca.

- **Agarre de araña** - En este agarre, tiene que utilizar cuatro dedos, curvándolos hacia dentro para agarrar la manga del *Gi* de su oponente.

- **Agarre de mono** - En este agarre utiliza las partes superiores de las articulaciones de los cuatro dedos.

Otro aspecto vital para el agarre es el punto exacto en el que se hace para lograr una mayor fuerza de palanca.

Si no sabe los lugares exactos donde debe agarrar, no podrá apalancar, aunque su agarre sea muy firme. Los lugares perfectos para agarrar a los rivales son los pantalones, los puños, las solapas y los extremos de la manga del cuello.

No enfocarse en lo básico

Algunos principiantes de *jiu-jitsu* brasilero están tan entusiasmados por pasar a técnicas más complejas y avanzadas que descuidan la importancia de perfeccionar sus habilidades básicas. Como cinturón blanco, puede sentir la tentación de aprenderlo todo a la vez. Sin embargo, haga lo posible por evitar este error tan común.

Esfuércese por perfeccionar los movimientos básicos del *jiu-jitsu* y sea paciente durante el proceso. Con el tiempo, será recompensado con una mayor experiencia y fluidez para pasar a técnicas más complejas.

- **Escape de control lateral** – Este famoso movimiento le permite mover sus caderas comenzando desde abajo, y es también el movimiento más básico para un gran escape.

- **Estrangulación de triángulo** – Este movimiento característico es para lograr la sumisión. Es un movimiento básico que debe dominar, ya que tendrá que utilizarlo cuando se enfrente a un oponente más grande que usted.

- **Raspado de tijera** – Este es otro movimiento básico que debe dominar, ya que todas las técnicas de raspado se derivan de él. El raspado de tijera hará que su oponente pierda el equilibrio y usted obtenga ventaja. Utilizar el raspado de tijera junto con otros movimientos básicos le permitirá obtener mejores resultados.

- **Estrangulamiento de solapa cruzada** – Este agarre sirve como punto de partida antes de realizar cualquier raspado o ataque.

- **Llave americana** – Este movimiento básico es un bloqueo común que se utiliza al agarrar a un oponente. Si lo ejecuta correctamente, podrá controlar por completo el brazo de su rival.

- **Raspado de golpe de cadera** – Domine esta técnica de raspado para utilizarla cuando su oponente esté de rodillas.

Nunca ignore la importancia de estos movimientos básicos y podrá convertirse en un gran maestro de *jiu-jitsu* brasilero.

Descuidar la importancia de la defensa personal

Nunca pase por alto la importancia de aprender algunas técnicas de defensa personal básica. Algunos principiantes cometen este error y, en consecuencia, no pueden salir de un estrangulamiento simple.

En lugar de descuidar la defensa personal, repase continuamente lo esencial del principio de su entrenamiento. Una vez que domine estas técnicas básicas de defensa personal, podrá repasarlas y convertirlas en una táctica defensiva.

Quedarse en una posición o sumisión durante demasiado tiempo

Una de las cosas que aprenderá cuando comience a practicar *jiu-jitsu* brasilero es el momento perfecto para soltarse cuando está en una posición desfavorable.

Como principiante de BJJ, debe dominar el paso al estrangulamiento cruzado rápidamente después de sufrir una montada, antes de que el oponente sepa cómo protegerse. Cuanto más rápido domine el arte de reconocer cuándo soltarse, mejores serán sus habilidades de *jiu-jitsu* brasilero.

No conocer los límites físicos

Si se toma en serio el dominio del *jiu-jitsu* brasilero, aprenda a entrenar sabiamente. En sus intentos por aprender y dominar este arte marcial rápidamente, algunos principiantes se obligan a entrenar dos veces al día, seis días a la semana. En última instancia, esto no es sabio y solo causa agotamiento.

Una vez que se siente agotado, puede sentir la necesidad de dejar de entrenar por un tiempo, rindiéndose en su propósito de dominar este arte. En lugar de quemarse con demasiados entrenamientos en poco tiempo, mantenga una frecuencia de entrenamiento media de dos o tres veces por semana. Tenga en cuenta que el BJJ no es una carrera de velocidad, así que aprenda despacio pero seguro.

Probablemente, el más importante de los consejos para los principiantes de *jiu-jitsu* brasilero es divertirse. Confíe en todo el proceso y no olvide disfrutar de la experiencia. Evite mantener una sumisión después de tres golpes. Si no sabe si su compañero ha golpeado, suéltelo. Será mucho mejor para usted ser precavido que lidiar con la incomodidad.

Confíe también en sus entrenadores, instructores y compañeros. Hará que sienta más seguro el entorno en el que entrena, lo que derivará en una experiencia mucho más agradable y divertida aprendiendo este arte marcial.

Capítulo 3: Los fundamentos del agarre en el BJJ: cómo no ser intimidado en una pelea

En el combate uno contra uno, el agarre se usa para tomar al oponente a corta distancia y conseguir una ventaja física significativa. Los luchadores lo consiguen posicionándose de forma sólida. El agarre abarca muchas formas diferentes, entre ellas las que siguen los participantes del *jiu-jitsu* brasilero.

La lucha agarre engloba técnicas utilizadas en muchos deportes de combate, especialmente en las artes marciales, y particularmente en el *jiu-jitsu* brasilero. Un agarre exitoso permite aplicar eficazmente contragolpes y maniobras contra el oponente, lo que proporciona una mejor posición y ventaja física.

El agarre también incluye técnicas diseñadas para someter al oponente. Recuerde que el agarre nunca implica el uso de armas y nunca debe golpear a su oponente cuando aplique esta técnica.

Importancia del agarre en el BJJ

El *jiu-jitsu* brasilero se centra en la lucha desde el suelo. Es fundamental dominar las técnicas de agarre, ya que es la clave para llevar al oponente al suelo y forzar sumisiones a través de técnicas de estrangulamiento en triángulo.

La lucha de agarre desde el suelo se refiere a todos los estilos y técnicas de agarre que se aplican cuando ya no se está de pie. Lo más importante para esta técnica es el posicionamiento adecuado. Debe estar en una posición dominante, lo que a menudo implica estar encima de su oponente.

Estando en posición dominante, hay muchas opciones que puede elegir. Puede cambiar de posición poniéndose de pie, golpear a su oponente, realizar un agarre de sumisión o buscar un agarre o una llave con el objetivo de controlar y agotar a su oponente. Mientras tanto, el luchador de abajo se centrará más en escapar y mejorar su posición. En este caso, puede utilizar una inversión o un raspado.

Dominar las técnicas de agarre es uno de los objetivos fundamentales para aprender y dominar el *jiu-jitsu* brasilero y así controlar a sus oponentes y derrotarlos. Muchos artistas marciales se proponen aprender técnicas de sumisión y contraataques para asegurarse de integrar un elemento de lucha desde el suelo en su entrenamiento habitual.

Lo mejor es que practique y perfeccione sus conocimientos y habilidades de agarre bajo la supervisión de un instructor de artes marciales. Así evitará lesiones y se asegurará de aprender y dominar las técnicas correctas.

Tipos de agarre

Los agarres son un medio eficaz de mejorar su fuerza y resistencia para evitar ser intimidado por sus agresores. Implican el uso de varios grupos musculares y esto los hace muy eficaces. Además de aumentar la masa muscular, las técnicas de agarre también ofrecen beneficios cardiovasculares y mejoran la concentración mental. Todas estas son habilidades fundamentales y necesarias en un entrenamiento físico de BJJ.

Lo bueno de los agarres es que también se pueden utilizar en defensa personal. Al dominar las técnicas de agarre, puede utilizar algunas de ellas para protegerse de atacantes con éxito. Hay posibilidades y variaciones ilimitadas en los agarres para lograr un derribo, inmovilizar o controlar al oponente. Tenga en cuenta las siguientes clasificaciones del *jiu-jitsu* brasilero:

- *Clinch* - También llamado trabajo de *clinch*, este tipo de agarre se produce cuando ambos luchadores están de pie y comprende una amplia gama de agarres dirigidos a la parte superior del cuerpo del oponente. El *clinch* se utiliza a menudo para preparar o defenderse de inversiones o derribos.

- **Derribo** - Un derribo es la manipulación efectiva de un oponente para llevarlo al suelo desde una posición de pie. El objetivo del derribo es conseguir una posición dominante.

- **Lanzamiento** - Esta técnica de agarre consiste en levantar al oponente o desequilibrarlo para lanzarlo con fuerza y llevarlo al suelo. El objetivo principal de los lanzamientos difiere de una disciplina a otra, pero el lanzador puede conseguir una posición de control, derribar a su oponente o dejarlo en pie.

- **Agarres de sumisión** - Existen dos tipos de agarre de sumisión: el estrangulamiento, que requiere estrangular o asfixiar a su oponente; y las llaves, que implican lesionar una articulación o cualquier otra parte del cuerpo. Si realiza una llave de sumisión y su oponente no puede escapar, espere que se someta dando un golpecito o indicando verbalmente que acepta la derrota. Un luchador que se resiste a someterse corre el riesgo de sufrir una lesión grave o quedar inconsciente.

- **Expansión** - Se trata de una técnica de agarre defensiva que puede utilizar si su oponente intenta derribarlo. Desplace las piernas hacia atrás y, a continuación, extiéndalas en un único movimiento rápido. La ejecución correcta de esta técnica hace que el oponente caiga de espaldas, lo que le proporciona un control total.

- **Técnicas de inmovilización o control** - Una técnica que está dentro de esta clasificación son las llaves, que se consiguen inmovilizando al adversario por la espalda. Las llaves obligan al adversario a adoptar una posición en la que ya no puede atacar.

- Algunos estilos competitivos de lucha consideran la ejecución exitosa de una llave de inmovilización como una victoria inmediata. Otros estilos la consideran una posición dominante que otorga varios puntos al deportista que la realiza.

- Además de las llaves, existen otras técnicas de control e inmovilización, como mantener al oponente boca abajo o en cuatro apoyos, impidiéndole atacar o escapar. Todas estas técnicas, cuando se realizan con éxito, conducen a una sumisión.

- **Escape** - Esta clasificación de la lucha consiste en maniobrar para salir de una posición peligrosa o desfavorable. Un ejemplo de esto es cuando el luchador que está debajo del oponente agarra y controla los movimientos laterales para ponerse en guardia o vuelve con éxito a una posición de pie considerada neutral. También cuando quien agarra escapa de un intento de sumisión y regresa a una posición de menor riesgo.

- **Rotación** - La rotación se utiliza para controlar al oponente, especialmente cuando está en cuatro apoyos, prepararse para una llave o colocarse en una posición dominante. La rotación otorga puntos valiosos.

- **Raspado o inversión** - Esta técnica de agarre se da cuando quien agarra maniobra desde el suelo y debajo de su oponente. El objetivo del raspado o inversión es obtener una posición superior.

Estilos y técnicas de agarre

Aparte de las principales clasificaciones de agarres ya mencionadas, hay otros estilos y técnicas que también son adecuados para el *jiu-jitsu* brasilero.

Desplazamiento de pierna

Este método requiere el uso de la pierna para desequilibrar al oponente y llevarlo al suelo. Esta técnica se subdivide a su vez en dos: el derribo con una sola pierna y el derribo con dos piernas.

Para el derribo con una sola pierna, agarre una de las piernas de su oponente utilizando ambas manos. El objetivo es derribar al adversario tirando de la parte inferior de la pierna con el hombro.

Además, también hay varios tipos de derribo con una pierna: la elevación del tobillo, que requiere que agarre la pierna por el tobillo; y la entrepierna alta, que requiere que agarre la pierna de su oponente por la zona de la ingle. Con cualquiera de las dos técnicas puede atacar la pierna cruzada o más alejada del cuerpo.

Derribo con dos piernas

Agarre las piernas de su oponente utilizando ambos brazos. Mantenga el pecho cerca de las piernas de su oponente y oblíguelo a tirarse al suelo, que es el objetivo final del agarre.

Otras formas de obligar a su oponente a caer al suelo son los golpes en las piernas o tirar de ellas y empujarlo hacia delante utilizando los hombros.

Derribo de agarre de tobillo

Este estilo es quizás una de las mejores técnicas adoptadas por el *jiu-jitsu* brasilero. Empuje la cabeza de su oponente sobre una rodilla. Su objetivo es inmovilizarle. Complete el derribo agarrándole el tobillo, dando un paso hacia dentro y bloqueando el pie objetivo antes de agarrar el tobillo. A continuación, levante el pie de su adversario, provocando su caída.

Estrangulación de triángulo

Se trata de una llave de sumisión icónica y popular en BJJ. Muchos luchadores utilizan la estrangulación de triángulo desde la guardia. Sin embargo, es una técnica muy versátil que puede realizarse de muchas maneras.

Utilice sus piernas para agarrar el cuello y un brazo de su oponente.

La presión del muslo sobre el cuello interrumpe el flujo sanguíneo. Es una técnica muy eficaz, ya que lo más probable es que el oponente se rinda y acepte la derrota.

Mataleón

Esta es otra técnica de sumisión popular utilizada por los luchadores de BJJ. Ejerza presión sobre la circulación sanguínea de la cabeza de su oponente, haciéndolo sentir incómodo y propenso a perder el conocimiento si no se defiende.

Esta técnica suele ir seguida de otro movimiento, que requiere rodear el cuello de su oponente con el brazo. Utilice el brazo contrario para agarrar o sujetar el bíceps de su oponente. Aplique presión en la zona designada utilizando la fuerza y la potencia de sus bíceps.

Con la mano libre, presione la parte posterior de la cabeza de su oponente, profundizando el estrangulamiento.

Guardia

Agarre a su adversario entre las piernas. Puede abrir o bloquear esta posición utilizando los tobillos. La guardia está diseñada para forzar a su oponente a romper la solidez de su postura, cansándolo. También puede usar la guardia como una estrategia de defensa que requiere golpes.

Guardia cerrada

La guardia cerrada es un concepto crucial y con muchas variaciones en los agarres. Es una de las primeras guardias que aprenderá como cinturón blanco o principiante de BJJ.

Encierre a su oponente entre sus piernas cruzando sus pies detrás de la espalda de él. Una ventaja significativa de la guardia cerrada es que le da la oportunidad de buscar tanto una sumisión como un raspado.

Tenga en cuenta que no hay una técnica mejor que otra cuando se trata de guardias; depende de la situación. Aparte de la guardia cerrada, hay otras variantes como la media guardia, la guardia en X, la guardia mariposa y la guardia abierta.

Montada técnica

La montada es otra posición poderosa para quienes quieren sacar el máximo partido de los agarres. Antes de usarla, es esencial entender todo sobre este movimiento y su posición para maximizar sus ventajas.

Aunque algunos piensan que está sobrevalorado, es un movimiento extremadamente importante que puede usar una vez que alcance un nivel más avanzado en el BJJ. Es una técnica de contraataque útil que permite mantener una posición favorable y excelente para un ataque.

La importancia del estiramiento y la flexibilidad

Es innegable que el *jiu-jitsu* brasilero es un deporte física y mentalmente exigente. Los agarres por sí solos tienen muchas técnicas, variaciones y posiciones que requieren mover varias partes del cuerpo de manera no convencional. Esta es la razón principal por la que debe practicar más el estiramiento y la flexibilidad, que desempeñan un papel crucial en la mejora del rendimiento de las técnicas de agarre.

El estiramiento y la flexibilidad le ayudan a mantenerse sano y libre de lesiones mientras continúa con su entrenamiento. Además, incluir estiramientos en su entrenamiento de BJJ le asegura un plan equilibrado y a largo plazo.

Dependiendo de su plan de entrenamiento y de su estilo de lucha, su nivel de flexibilidad será mayor o menor que el de su oponente. Conocer su nivel de flexibilidad le permitirá controlar y forzar la sumisión de su oponente.

Debe estar familiarizado con las diferentes técnicas de estiramiento para tener éxito en el BJJ. Además, estas técnicas mejorarán su flexibilidad, llevándolo a tener un mejor rendimiento.

Estiramiento activo

Las técnicas de estiramiento activo se refieren a ejercicios que le permiten mover las articulaciones de forma activa mediante diversos movimientos. Es ideal realizar estiramientos activos como parte del calentamiento o acondicionamiento previo a la clase de BJJ. También puede utilizar el estiramiento activo como parte de una rutina de movilidad independiente que realice por separado de los entrenamientos, por la mañana después de su día de descanso o al levantarse.

Algunos ejercicios de calentamiento diseñados explícitamente para el BJJ, como las fugas de cadera y los puentes, pueden clasificarse como estiramientos activos, siempre que los realice esforzándose conscientemente por ejecutar una gama completa de movimientos.

Estiramiento pasivo

Las técnicas y ejercicios de estiramiento se consideran pasivos si implican mover las articulaciones hasta su tolerancia de flexibilidad. Mantenga una posición específica durante al menos veinte segundos cuando experimente una ligera molestia. Utilice ayuda externa, como un cinturón de BJJ, para estirar los isquiotibiales.

Al igual que los estiramientos activos, puede realizar los pasivos de forma independiente al final de las rutinas de movilidad. Realice los estiramientos pasivos después de su entrenamiento de BJJ, preferiblemente entre cinco y diez minutos después de la sesión, ya que es también cuando tiene una temperatura corporal elevada.

Los estiramientos pasivos realizados después de su entrenamiento también ayudan a mejorar su flexibilidad o amplitud de movimiento, siempre que los haga de forma constante.

¿Qué músculos y articulaciones se deben estirar regularmente?

Ahora que ya conoce la importancia de los estiramientos para aumentar su flexibilidad, es importante que sepa qué grupos musculares y articulaciones específicas debe estirar para mejorar su rendimiento en BJJ. Estirar con regularidad los grupos musculares y articulaciones adecuados mejora su fuerza, lo que hace que sus agarres sean más eficaces.

Tobillos

Para dominar el BJJ, se necesita una buena movilidad y flexibilidad de los tobillos para ejecutar las técnicas correctamente y evitar lesiones durante los entrenamientos y competiciones. Tenga en cuenta que unos músculos de la pantorrilla tensos también pueden provocar rigidez en los tobillos y causar limitaciones en la flexión del pie.

La tensión hacia atrás de los pies es necesaria para ejecutar ganchos de mariposa fuertes, que son la prueba de que debe mejorar la movilidad de los tobillos con rotaciones controladas. Si su pantorrilla está tensa, puede realizar estiramientos pasivos de pantorrilla.

Caderas

Es esencial para los luchadores de *jiu-jitsu* brasilero mejorar la movilidad de la cadera para evitar lesiones y realizar actuaciones increíbles. Las rotaciones externas de cadera ayudan a obtener una buena guardia, fuerte en ataque y en defensa.

Tener buena flexibilidad de cadera también es útil para escapar de una mala posición, hacer un puente, lograr la sumisión o pasar la guardia. Realice técnicas de estiramiento pasivas y activas dirigidas a los glúteos, isquiotibiales, rotadores de la cadera y cuádriceps para mejorar la movilidad de la cadera.

Espalda alta

También llamada columna T, esta parte del cuerpo debe tener altos niveles de flexibilidad para evitar lesiones en la columna y la parte superior de la espalda. Si tiene los hombros, dorsales y pectorales tensos, es probable que su espalda superior carezca de movilidad. Muchas de las posturas defensivas del BJJ requieren arquear la espalda, y una baja flexibilidad resulta en una espalda superior o columna T rígida.

Hombros

Mejore la movilidad de sus hombros haciendo ejercicios de estiramiento adecuados que se centren en los músculos de esta zona. Con la mejora de la movilidad de los hombros, previene las lesiones más comunes de esta articulación, que suelen aquejar a muchos luchadores de agarre. La postura defensiva y arqueada de la espalda, además de desencadenar rigidez en la columna T, también provoca inmovilidad o inflexibilidad en los hombros.

¿Cuándo y con qué frecuencia estirar?

Si quiere dominar los agarres, no olvide nunca la importancia de estirar con constancia. Aparte de los grupos musculares y las articulaciones mencionadas, estire el cuello y las muñecas con regularidad para mejorar la movilidad. Es aconsejable realizar estiramientos con la mayor frecuencia posible, y es aún más importante si tiene problemas de movilidad. Realice diariamente las rutinas de estiramientos activos que haya elegido como parte de sus costumbres matutinas.

Céntrese en las rutinas pasivas después de entrenar o antes de acostarse. Añada algunos ejercicios de estiramiento pasivos a los activos, pero evite los estiramientos pasivos antes de realizar actividades físicas exigentes. No son muy recomendables antes del entrenamiento de fuerza y el acondicionamiento.

Notará una mejora significativa en su movilidad, flexibilidad y fuerza al realizar estas rutinas de estiramiento y le será más fácil ejecutar varias técnicas de agarre sin problemas y demostrar que es una promesa futura como luchador de BJJ.

Capítulo 4: La ley de acción-reacción

Desde afuera, el *jiu-jitsu* brasilero, puede dar la impresión de ser un deporte que consiste únicamente en complicadas llaves de estrangulamiento y agarres. Como cinturón blanco o principiante con solo unos días de entrenamiento, es posible que lo vea de la misma manera.

Se dará cuenta de que la mayoría de los movimientos y técnicas requieren muchos pasos. Sentirá que dominarlos y emplearlos con eficacia solo es posible tras muchos años de práctica.

Sin embargo, a medida que adquiera más experiencia, se dará cuenta del alto nivel de destreza, conocimiento y dedicación necesarios para convertirse en un gran luchador de BJJ.

Aunque al principio tenga dificultades, intente absorber todo lo que le enseñen durante las clases. Con el tiempo, se dará cuenta de que comprender y ceñirse a los principios básicos y la disciplina del BJJ le da una ventaja sobre los demás.

Importancia de empezar por los principios para aprender BJJ

El *jiu-jitsu* brasilero, como otras artes marciales, se basa en algunas disciplinas y principios fundamentales. Dominar el BJJ no consiste en dominar cada paso, técnica o movimiento; consiste en comprender sus principios y ser capaz de adaptarlos en función de diversos escenarios y oponentes.

Sin dejar de reconocer los principios, teorías y disciplinas del BJJ, puede añadir toques personales para demostrar su propio nivel artístico. Lo primero que hay que decir es que el enfoque de los principios para dominar el BJJ difiere mucho del basado en la memoria.

Recuerde, aunque memorizar cada movimiento es esencial para aprender los fundamentos del *jiu-jitsu* brasilero, obstaculiza el crecimiento. La razón es que memorizar ciertos movimientos también indica que carece de la comprensión inherente de los principios básicos del BJJ.

Esto puede ser desventajoso, especialmente cuando un oponente lo toma desprevenido con un movimiento desconocido. Para mejorar en este sentido, los principiantes (cinturones blancos) deben trabajar con diferentes compañeros, ya que esto ayuda a imaginar diversos escenarios de lucha.

Es una oportunidad fantástica para poner en práctica en el mundo real los movimientos aprendidos en clase. También ayuda a comprender las teorías subyacentes que hacen que los movimientos sean eficaces.

Principios y disciplinas fundamentales del BJJ y otras artes marciales

Como se mencionó anteriormente, el *jiu-jitsu* brasilero es un arte marcial que se centra en la lucha de agarres y que utiliza el principio de apalancamiento. El BJJ se centra siempre en el control posicional, los derribos, las sumisiones y los agarres, y es un medio eficaz para mejorar todas las aptitudes físicas como la agilidad, la movilidad y la fuerza central.

Mentalmente, se puede comparar el *jiu-jitsu* brasilero con una partida de ajedrez, ya que el pensamiento táctico es la estrategia correcta y contribuye al éxito. Cuando esté en el campo de entrenamiento o en su clase, es importante que demuestre una sólida comprensión de los principios y movimientos fundamentales del BJJ. En esta sección, se tratan algunos de los principios y disciplinas esenciales del BJJ y de otras artes marciales.

Estado zen

El estado zen es un principio vital que permite a los luchadores aprender y comprender el *jiu-jitsu* brasilero. Los principios valoran la importancia de la repetición. Tenga en cuenta que repetir una técnica de *jiu-jitsu* varias veces durante muchos años puede llevarlo a ejecutarla sin siquiera pensar en ella.

Incluso es posible que su memoria muscular la ejecute como si estuviera en piloto automático, del mismo modo que se forman los hábitos. Por lo tanto, debe aplicar la repetición para disfrutar de sus variados beneficios que incluyen, entre otros, los que se enumeran aquí:

- **Perfeccionar la técnica** – Esto construye una base sólida para todos los movimientos, por muy diferentes que sean. También constituye un punto de partida sólido para mejorar su fuerza, la calidad de las ejecuciones y las secuencias de movimientos.

- **Poner la mente en blanco** – Es necesario para una ejecución más efectiva de sus movimientos y técnicas.

- **Volverlo un hábito** – Practicar una técnica de BJJ repetida y correctamente la convierte en un hábito. Los humanos somos criaturas de hábitos, así que lo que hace repetidamente lo convierte en quien es. Por lo tanto, si mejora sus hábitos, mejorará su rendimiento en las competencias.

Debe tener mucho cuidado de no repetir incorrectamente una técnica en particular, porque desarrollará hábitos incorrectos y no deseados. Trabaje con un buen instructor de *jiu-jitsu* brasilero capaz de señalarle sus errores y guiarlo hacia el desarrollo de hábitos buenos y saludables.

Equilibrio

En el mundo de las artes marciales, especialmente en el *jiu-jitsu* brasilero, el principio del equilibrio es un concepto fundamental: ni muy poco ni demasiado. Este principio específico es útil en el entrenamiento de artes marciales y en relación con varios aspectos de su vida cotidiana, su cuerpo y sus emociones.

Los luchadores de BJJ, y cualquier otro artista marcial, perciben el equilibrio como la capacidad de no moverse o actuar demasiado despacio o demasiado rápido, lo que significa que no debe ser demasiado precavido o demasiado agresivo, demasiado bajo o alto, derecho o izquierdo. Es imprescindible practicar el principio del equilibrio para controlar el tiempo y el ritmo. Debe aprender a confiar en su equilibrio si quiere tener éxito en el BJJ y otras artes marciales.

El equilibrio también le ayuda a mejorar su mentalidad mientras entrena. Al comprender plenamente el principio del equilibrio, acepta que sus días de entrenamiento no siempre son buenos, y que hay algunos días malos. Por lo tanto, evite frustrarse o impacientarse demasiado debido a expectativas poco realistas de que todos los días de entrenamiento serán buenos.

Desarrollar este principio también es clave para que su mente no dependa del resultado de una sesión de entrenamiento específica. En lugar de eso, céntrese en el proceso práctico del entrenamiento y reconozca que es necesario alcanzar el equilibrio aceptando los días buenos y los malos.

Puede hacer que su sesión de entrenamiento equilibre su cuerpo, sus emociones y su mente mientras desarrolla un excelente rendimiento físico.

Orden natural

Para convertirse en un luchador de BJJ exitoso, debe tener una comprensión completa del principio del orden natural. Este proceso consiste en comprender los cambios y el desarrollo como aspectos progresivos y continuos, así que prepárese para ellos en lugar de evadirlos.

La progresión en BJJ y otras artes marciales siempre es el resultado de concentración y tiempo. Si se centra en la intensidad, necesitará menos tiempo para progresar, pero aun así deberá mantener el equilibrio. Además, forzarse a entrenar con demasiada intensidad y durante un periodo prolongado solo conducirá al sobreesfuerzo y al agotamiento. En algunos casos, su cuerpo será incapaz de recuperarse adecuadamente del esfuerzo.

Por otro lado, un entrenamiento insuficiente o la falta de pasión por este arte marcial también pueden hacer que no alcance sus objetivos. Por lo tanto, es fundamental que mantenga el equilibrio y respete el orden natural.

Una señal de que ha alcanzado el equilibrio deseado en su actitud hacia el entrenamiento de BJJ es cuando se siente realmente contento con el proceso. También cuando es consciente de que, independientemente de qué tan grandes sean sus logros en el BJJ y las artes marciales, estos no importan mucho en la escala del cosmos y en el orden universal de las cosas.

Acción-reacción

El aspecto más importante de los principios y disciplinas que rigen cualquier forma de arte marcial es el principio de «acción-reacción». En otras palabras, «por cada acción, espere una reacción».

El *jiu-jitsu* brasilero requiere un esfuerzo mínimo para obtener los máximos resultados. Por lo tanto, utilizar el principio de acción-reacción es la mejor manera de alcanzar el éxito en este deporte.

Como principiante que aún se encuentra en la fase de aprendizaje del *jiu-jitsu* brasilero, existe la posibilidad de que se concentre más a menudo en reaccionar. Defiende las sumisiones o intenta mantener el equilibrio y siempre está a la defensiva. Está bien, ya que todavía es un principiante y está aprendiendo los pormenores de este deporte.

Sin embargo, una vez que empiece a defenderse instintivamente, su juego cambiará. Un cambio significativo es que gastará menos poder mental en la defensa y lo usará más para definir su intención. Por ejemplo, si un atacante está en guardia mientras usted lanza triángulos y se prepara para la *kimura*, puede preguntarse qué está pasando por su mente.

Recuerde, su contrincante no está pensando en ese momento, está reaccionando. No piensa en el momento que pasa; está tomando medidas defensivas u ofensivas.

Ahora, piense en lo que ocurre si usted espera un poco para determinar sus movimientos. El mejor escenario posible es que el oponente pase su guardia. La clave para que un buen luchador se someta es impedir que tenga tiempo para pensar.

Importancia del principio de acción-reacción

El principio de acción-reacción siempre será vital para los luchadores de BJJ y otras artes marciales porque puede usarse para preparar la mayoría de los derribos y lanzamientos.

Controlar a un oponente que todavía está de pie puede ser más difícil que luchar en el suelo. La razón es que, cuando está de pie, el oponente puede moverse libremente, reaccionar al instante y escapar más fácilmente.

Para dilucidar el significado del principio de acción-reacción, piense en un oponente que está a punto de realizar un movimiento contra usted: esta es la acción. La respuesta (reacción) es cuando usted piensa y actúa rápidamente en función de ese movimiento, como un contraataque.

Además, al asegurarse de conocer las posibles reacciones defensivas de su oponente, atacará adecuadamente. Conocer la mejor respuesta defensiva de su oponente le da la oportunidad de prepararse para ganar más ventaja o fuerza. Con el principio de acción-reacción, su estrategia consiste en forzar una reacción de su oponente y a su vez reaccionar a ella inmediatamente para aprovechar y utilizar su fuerza y su energía para añadir potencia y apalancamiento a sus movimientos.

¿Cuándo actuar o reaccionar?

Sabiendo que cada ataque provoca una reacción, sea más inteligente con sus ataques. Por ejemplo, puede fingir un ataque escondiendo su verdadera intención y utilizar la reacción de su oponente como apertura para que su técnica tenga éxito.

Tiene que estar muy atento a las pistas que le permiten actuar y reaccionar adecuadamente. Aplique siempre este principio, incluso cuando no esté en clase. Puede perder su cinturón o incluso ser arrestado si hace daño a alguien utilizando los movimientos y técnicas del BJJ, ya sea que lo provoquen o no. Por lo tanto, anticiparse a la acción y reacción del oponente es crucial.

En clase, se dará cuenta de que las habilidades de actuar y reaccionar en los momentos adecuados se ganan mediante la repetición. Cuanto más entrene, más rápido ejecutará las técnicas practicadas y desarrollará su memoria muscular.

Cuando compita y empuje a su oponente, espere que este le devuelva el empujón instintivamente con niveles de intensidad similares o mayores que fuercen el principio de acción-reacción. Del mismo modo con los tirones, si pretende halar a su oponente hacia delante, empújelo primero hacia atrás.

Cuando su oponente reaccione empujándolo, tire de él. De esta manera aprovecha la energía del rival y gasta un mínimo de energía para tirar de él hacia delante. También haga esto cuando implemente el arte de la inversión (que se desarrolla mejor más adelante) en sus combates.

Sacar ventaja del principio de acción-reacción

Hay varias formas de aplicar este principio, especialmente cuando planea llevar al adversario a una posición diferente de la que él tenía prevista. ¿Pretende rasparlo hacia su izquierda? Entonces es inteligente estimularlo primero para que se mueva hacia su derecha, comprometiendo su equilibrio. A continuación, decida su siguiente movimiento en función de lo que ocurra.

Otra forma de ver el principio de acción-reacción es como un cebo o una trampa, es decir, para atraer a su oponente para que reaccione o responda de la forma que usted pretenda que lo haga. Es útil reaccionar rápidamente a los movimientos del adversario para sacar el máximo partido de este principio.

Por ejemplo, si él mueve su cuerpo hacia delante con una velocidad específica, aumente esa velocidad tirando de él en una dirección similar. Esto puede hacer que pierda el equilibrio, lo que será beneficioso para usted.

Cuanto más profundo y experimentado se vuelve en el *jiu-jitsu* brasilero, más se da cuenta de que un solo movimiento o ataque no es tan efectivo cuando se inflige a luchadores más hábiles o experimentados. Debe combinar varias técnicas para obtener mejores resultados al aplicar el principio de acción-reacción.

La mejor manera de aplicar el principio es analizar qué falla cuando una técnica no funciona.

Analice y piense en las reacciones de sus oponentes y cree un plan B, que sin duda despertará su entusiasmo para el próximo combate, sobre todo si cree que prepararán una defensa contra su plan principal.

Capítulo 5: Defenderse de ataques: el arte de la inversión

Una de las razones por las que muchas personas se interesan en el *jiu-jitsu* brasilero es que es una excelente forma de defensa personal. El conocimiento de este arte marcial es la clave para defenderse de ataques. Aparte del principio de acción-reacción, el *jiu-jitsu* brasilero también le ayuda a desarrollar sus conocimientos sobre el arte de la defensa y la inversión.

El principio de acción-reacción tiene una fuerte conexión con el arte de la defensa personal y la inversión, que también es una parte vital del *jiu-jitsu* brasilero, porque se debe seguir para establecer una defensa fuerte y exitosa contra un ataque. Su defensa se basa en el ataque de su oponente.

¿Qué es la inversión?

La inversión en el *jiu-jitsu* brasilero se produce cuando un luchador que se encuentra en una posición desventajosa logra invertir su posición. Una inversión exitosa hace que el luchador pase a una posición ventajosa o a la parte superior. Es una habilidad muy importante que los luchadores de *jiu-jitsu* brasilero deben dominar para tener la oportunidad de saltarse algunos pasos al cambiar de posición cada vez que practiquen la inversión.

Un cambio típico hace que el jugador pase de una posición neutral a una ventajosa o a la neutralidad después de encontrarse en desventaja. Dependiendo de la técnica de inversión elegida, se puede pasar directamente a una posición de ventaja. El arte de la inversión es la clave para protegerse de un ataque.

Jiu-jitsu brasilero y defensa personal

La defensa personal constituye una parte importante del BJJ. Se basa en el *jiu-jitsu* japonés original, cuando los samuráis luchaban por sobrevivir; hoy en día sigue siendo un sistema de lucha práctico. Todos los movimientos que se enseñan en el BJJ son efectivos para la defensa personal y algunas de las técnicas están diseñadas específicamente para ese fin.

Por lo tanto, no es sorprendente que la mayoría de las escuelas de BJJ de todo el mundo presten especial atención y se centren especialmente en la defensa personal. Los golpes no tienen lugar en la defensa personal del *jiu-jitsu* moderno. Sin embargo, aprender los fundamentos para moverse, bloquear y utilizarlos sigue siendo esencial.

No es tan esencial aprender y dominar complejos ataques con saltos y patadas giratorias. En su lugar, es más eficiente fijarse objetivos más sencillos, como acercarse al atacante u oponente con la intención de someterlo o derribarlo.

Otra cosa que debe recordar es que alrededor del 90 por ciento de los altercados o peleas acaban con los luchadores en el suelo. Las personas sin conocimientos de BJJ no saben qué hacer en el suelo una vez que han sido derribados. Sus conocimientos de *jiu-jitsu* brasilero pueden cambiar eso, especialmente con los agarres, y favorecen el desarrollo de mejores técnicas.

Con su entrenamiento en BJJ, sabrá con precisión cómo defenderse y permanecer seguro, tanto si está en la posición superior como si se encuentra en la posterior o inferior. La defensa personal que se aprende en BJJ lo entrenará para lograr el dominio, incluso cuando se vea forzado a asumir una mala posición.

Una vez que pueda protegerse y estar en una posición dominante, el BJJ le da la opción de hacer algo que no ofrecen otras artes marciales: resolver la situación sin dañar a su oponente o causarle una lesión. La defensa personal en BJJ y varias otras técnicas le permiten inmovilizar a alguien mientras calma la situación.

Por otro lado, puede utilizar una técnica de sumisión diseñada para herir a su atacante u oponente cuando sea necesario. Si lo prefiere, puede usar golpes. Difícilmente encontrará otras artes marciales tan buenas para la defensa personal como el BJJ, especialmente en peleas o altercados uno contra uno.

¿Por qué el BJJ es perfecto para la defensa personal?

Recuérdese constantemente que la mejor arma de defensa personal es su capacidad para mantenerse alejado de las confrontaciones. Si es posible, escape de la situación. Sin embargo, si una circunstancia llega al punto de volverse física, aproveche al máximo su entrenamiento en *jiu-jitsu* brasilero para salir del problema.

¿Cuáles son las razones específicas por las que el BJJ es bueno para la defensa personal?

Mejora la comodidad al luchar

Si ha vivido una situación en la que alguien ha intentado asfixiarlo hasta dejarlo inconsciente, probablemente es consciente de lo incómodo que resulta. Su entrenamiento lo hará sentir cómodo con la incomodidad y, en algunas ocasiones, con el dolor, ayudándole a hacer frente a la situación automáticamente.

A diferencia de las artes de golpeo como el *muay thai*, que requieren enfrentamientos solo durante un 20 % del entrenamiento, el *jiu-jitsu* brasilero implica enfrentamientos durante casi el 100 % del entrenamiento. Los enfrentamientos en BJJ se asemejan a peleas reales, aunque no implican patadas y puñetazos.

Cuando se encuentre en una situación en la que deba protegerse, no se sentirá sorprendido ni intimidado por el tamaño físico del luchador gracias a su entrenamiento en enfrentamientos. Tampoco se sentirá incómodo cuando forcejee con alguien que lo lleve al suelo.

Como ya se siente cómodo con el forcejeo y la lucha, no cometerá los errores de las personas sin entrenamiento o de los principiantes, como dar la espalda al atacante para protegerse. Esta es una respuesta natural a una situación peligrosa, pero lo pone en mayor riesgo, ya que no puede ver a su oponente y anticipar sus medios de ataque.

Como persona entrenada en BJJ, será más hábil y experto a la hora de protegerse y prever los ataques de su oponente, por lo que podrá establecer fácilmente medidas para evitarlos. También se sentirá más cómodo luchando y forcejeando con otros, lo que aumentará sus posibilidades de ganar el combate o salir ileso de la situación.

Ideal para todos sin importar la talla

Saber *jiu-jitsu* brasilero le da una oportunidad de luchar contra un atacante o en cualquier situación que requiera que se defienda. Lo bueno de esta forma de artes marciales es que es perfecta para todos, independientemente del tamaño.

Incluso si es pequeño, puede practicar BJJ para defenderse. No tiene los problemas de los estudiantes más pequeños en entrenamientos de otras artes marciales, como tener huesos y peso más livianos que causan dificultad para infligir daño a un oponente más grande. En el *jiu-jitsu* brasilero, incluso los individuos más pequeños tienen la posibilidad de derrotar a un oponente grande.

Tenga en cuenta que quienes tienen un físico más pequeño infligen una fuerza limitada contra sus atacantes u oponentes. Si usted es más grande, sus golpes tendrán más fuerza, porque los impulsa un peso adicional.

El BJJ es una práctica increíble para la defensa personal, ya que enseña a estrangular y agarrar a individuos más grandes, anulando el problema asociado con el tamaño.

A diferencia del *muay thai*, el boxeo o cualquier otra forma de artes marciales que dependa del atletismo, la potencia y la velocidad, el *jiu-jitsu* brasilero se centra en la técnica. Los luchadores más pequeños pueden someter a otros con confianza en sus técnicas de defensa personal de BJJ.

Un ejemplo perfecto de la eficacia del BJJ para enfrentarse a oponentes más grandes o corpulentos es Royce Gracie y su dominio en la UFC. En sus peleas, fue consistente en obligar a sus oponentes a someterse sin importar su tamaño. En lo que respecta a la técnica desde el suelo, ninguna otra forma de arte marcial se compara con el BJJ.

Ayuda a mantener el control de una pelea

El *jiu-jitsu* brasilero también es perfecto para la defensa personal porque es muy eficaz para controlar al oponente. Puede utilizar sus habilidades de BJJ para detener a un atacante u oponente mientras se asegura de que no herirlo o lesionarlo.

La práctica del BJJ le enseña a utilizar la fuerza de palanca y el cuerpo para controlar el peso corporal de su oponente. Algunas posturas, como la de la rodilla al pecho, controlan a un oponente en el suelo.

También puede utilizar la llave de hombros para aumentar el control sobre un atacante, especialmente si aún no está entrenado. Si se enfrenta a un atacante que lleva un arma, el BJJ no garantiza el mayor nivel de protección, pero sigue siendo ventajoso en comparación con otras formas de arte marcial, como el *muay thai*.

El *jiu-jitsu* brasilero es más efectivo cuando se trata de situaciones que involucran un cuchillo, ya que sus técnicas le permiten controlar al atacante. Posiciones como la omoplata o la llave de hombros le permiten no perder de vista la mano de su oponente, lo que le dará ventaja sobre él.

También estará en ventaja porque podrá ver claramente sus próximas acciones. Esto le dará tiempo suficiente, por ejemplo, para responder y detener el ataque si su agresor agarra una pistola o un cuchillo.

Técnicas de defensa personal del jiu-jitsu brasilero

Cuando utilice el *jiu-jitsu* brasilero para la defensa personal, recuerde que los golpes por sí solos no son efectivos y que puede ser necesario combinarlos con otras tácticas de BJJ para defenderse de forma eficaz. De todas formas, la mayoría de las escuelas recomiendan comenzar el entrenamiento sin golpes, especialmente en lo que se refiere a la lucha de pie.

Añada golpes solo cuando haya conseguido una base de agarres sólida y estable. Un segundo en el tiempo puede marcar una diferencia significativa, especialmente si la pelea es rápida. Ese segundo puede hacerle ganar o perder, así que practique la defensa personal del BJJ utilizando también sus conocimientos de ataque.

Guardia cerrada

Las guardias en BJJ son de diferentes tipos, pero para el propósito de la defensa personal, nos centraremos en la guardia cerrada porque es la táctica que más utilizan los expertos en agarres actualmente. Además, conlleva varios beneficios cuando se utiliza en una situación de defensa personal.

La guardia en BJJ se refiere a cómo usa sus piernas cuando se enfrenta a un adversario, envolviéndolas alrededor de él. Si está acostado sobre su espalda, puede hacer esto o mantener al atacante o adversario alejado de usted.

Un uso apropiado de la guardia cerrada en una situación de defensa personal es cuando logra bloquear golpes.

Llave de brazo de pie en el BJJ

La llave de brazo estando de pie es una táctica de defensa personal fácil pero altamente efectiva que se puede aprender en el entrenamiento de BJJ y también es una efectiva técnica de sumisión en combate. Esta llave se originó en el *jiu-jitsu* japonés.

Esto condujo a la versión desde el suelo de la llave de pie, que también se utiliza a menudo en BJJ. La diferencia es que el *jiu-jitsu* japonés requiere que los luchadores permanezcan de pie, ya que en el contexto en el que se originó había más posibilidades de que los luchadores utilizaran armas, como en el caso de los samuráis.

Rodilla al pecho

Esta técnica es vital si quiere controlar a su adversario u oponente. Es ideal en situaciones en las que logra ganar la posición superior en una pelea. En esta posición, ponga la rodilla sobre el pecho para moverse por encima de su adversario con facilidad. Un ejemplo de la efectividad de esta técnica es cuando su adversario saca un arma, como un cuchillo, de su bota o bolsillo mientras usted lo controla a través de la rodilla al pecho. En esta posición le resulta más fácil desengancharse, alejarse o escapar.

Utilizar un movimiento o posición diferente, como la montada, puede hacer pensar a su oponente que se está rindiendo, además de que puede limitar sus movimientos y dificultar la separación.

Cross face

Esta posición específica requiere que usted esté encima de su adversario u oponente para controlarlo. Con el brazo, colóquese detrás de la cabeza de su adversario o contrincante. Coloque su hombro al lado de la mandíbula de él. La presión ejercida en esta posición le proporcionará el control de la contienda.

La correcta ejecución de esta técnica y la presión correctamente aplicada desde su hombro hará que el adversario mire hacia otro lado y limitará sus movimientos, dificultándole la ejecución de cualquier movimiento o técnica.

Escape de control lateral

Muchos consideran que esta técnica, que presenta distintas variantes, es la posición de la que es más difícil escapar. Sin embargo, se puede escapar de un ataque si se conocen bien los principios y las formas de proceder básicas del control lateral.

¿Se puede usar el *jiu-jitsu* brasilero contra varios atacantes?

Como ya se ha mencionado, el BJJ funciona perfectamente en enfrentamientos uno contra uno. Pero la pregunta es, ¿son efectivas sus técnicas de defensa personal en momentos de enfrentamiento contra más de un atacante? La respuesta es no. Este sistema de lucha es inadecuado para utilizarse contra múltiples oponentes o en un campo de batalla.

La premisa básica de la defensa personal es tirar al suelo a un atacante o adversario. La velocidad también es vital en la defensa personal, y es en esta área donde puede fallar el BJJ.

Sin embargo, puede cambiar esta situación fácilmente si dedica tiempo a aprender derribos de judo en lugar de derribos de lucha. Su objetivo en ese caso es dominar derribos capaces de dejar a su atacante en el suelo mientras usted se mantiene de pie.

Si es posible, combine esto con las demás técnicas y disciplinas de BJJ y así podrá sacar el máximo partido a la defensa personal y la inversión.

¿Cuándo usar la defensa personal del BJJ?

La eficacia del BJJ como defensa personal depende del escenario o lugar donde se dé la pelea o altercado. Por ejemplo, es difícil utilizar el BJJ en una pelea en un bar abarrotado de gente; en este caso, resulta mucho mejor controlar al oponente desde una posición de pie.

Si el altercado se produce en un espacio abierto, como un estacionamiento, y el atacante no tiene un arma, entonces el escenario es adecuado para la defensa personal a través del BJJ.

Usted tendrá más oportunidades de poner en práctica derribos en un espacio abierto, ya que no tendrá barreras para controlar a su atacante o agresor. La rodilla al pecho es la mejor posición para mantener a su agresor bajo control mientras afina sus habilidades de defensa personal.

Capítulo 6: Guardias: ¿Por qué es tan importante conocerlas?

La guardia del *jiu-jitsu* brasilero es una de las posiciones de agarre en el suelo más útiles y efectivas y es imperativo conocerlas. Esta posición es realizada por un combatiente mientras tiene la espalda en el suelo e intenta controlar a su oponente con las piernas.

La guardia es una posición favorable para dominar en el BJJ porque puede atacar a su oponente efectuando diferentes estrangulaciones y llaves desde abajo. Por otro lado, la prioridad de su oponente en la parte superior es la transición a una posición mejor y de más control. Este tránsito se denomina paso de guardia.

Gracias a su efectividad demostrada y a los innegables beneficios de esta posición en el BJJ, no es de extrañar que tenga muchas variaciones. El tipo de guardia que utilice depende de sus agarres o puntos de control específicos. Algunas guardias de *jiu-jitsu* brasilero son ideales para usar contra un oponente que se encuentra de pie, mientras que otras funcionan bien cuando el oponente está arrodillado.

Cuando aprenda sobre las guardias del BJJ, recuerde que algunas son perfectas para las sumisiones en peleas de agarre, pero son perjudiciales si se utilizan en torneos de MMA (artes marciales mixtas). Otras posiciones de guardia son buenas opciones de escape o defensa cuando el oponente tiene una posición dominante.

En general, la guardia es un componente clave del *jiu-jitsu* brasilero, ya que es muy útil cuando se lucha por una posición ofensiva. En este capítulo, aprenderá más sobre las posiciones de guardia en el BJJ, sus diferentes tipos, los pases de guardia, técnicas de raspado, ejercicios y ataques. Después de leer este capítulo, usted será capaz de sacar el máximo provecho de este elemento fundamental del BJJ.

Guardia cerrada vs. guardia abierta – Sus diferencias

Dos de las posiciones de guardia más básicas y populares que existen son la guardia cerrada y la guardia abierta. Ambas son populares porque proporcionan a los jugadores excelentes herramientas, ya sea para aplicarlas desde arriba o desde abajo.

La guardia cerrada y la guardia abierta ofrecen la oportunidad de raspar, controlar y someter al oponente, estableciendo un juego de agarre tanto defensivo como ofensivo fuerte y sólido.

Guardia cerrada

Así se mantiene una guardia cerrada fuerte

Es un tipo básico de guardia que se aprende en un entrenamiento de BJJ. La guardia cerrada es muy utilizada tanto por principiantes como por competidores de alto nivel en el BJJ. Es la guardia fundacional y una de las primeras posiciones que aprenderá al comenzar su entrenamiento en *jiu-jitsu* brasilero.

También llamada guardia completa, la posición de guardia cerrada se produce cuando cierra las piernas alrededor de las caderas o la cintura de su oponente, al mismo tiempo que le agarra el cuello o la manga.

La guardia cerrada es una muestra perfecta de un punto específico que muestra poder y la fuerza de las guardias en el BJJ, en concreto la gestión de la distancia, lo que significa que puede controlar totalmente el rango en el que tiene lugar el intercambio de agarres y le queda un brazo libre para atacar.

También tiene que concentrarse en lograr con éxito los aspectos vitales de la guardia cerrada. Estos aspectos se tratan brevemente:

- **Posición de las piernas** – Rodee la cintura de su oponente con ambas piernas y entrelace los tobillos detrás de la espalda de él, asegurando la posición. Es posible que tenga que apretar ambas rodillas mientras las lleva simultáneamente hacia el pecho. Esto le ayudará a tirar de su oponente hacia usted, quitándole espacio para adoptar una postura adecuada.

- **Agarres** – Antes de realizar la guardia cerrada, piense en la importancia de la colocación del agarre, ya que esa posición le proporcionará la versatilidad necesaria para ejecutar el movimiento con éxito.

Si efectúa un agarre desde una posición de guardia cerrada, en la mayoría de las situaciones de artes marciales y defensa personal utilizará el agarre de doble manga o muñeca. Este agarre le permite controlar los brazos de su oponente, manteniéndolo a salvo de cualquier forma de ataque.

Si combina este agarre con un control de postura efectivo usando sus piernas, estará en una posición ventajosa para comenzar un ataque.

- **Objetivos** – También debe tener claros sus objetivos al realizar la guardia. Como en otros tipos de guardia, el objetivo principal de la guardia cerrada es prevenir que esta sea pasada. Mantener cumplido este objetivo es la única manera de asegurar que su guardia sea impenetrable, y eso le ayudará a comenzar sus ataques con tranquilidad.

Al realizar los ataques, es beneficioso romper primero la postura del oponente. Tenga en cuenta que no podrá conseguir mucho si su oponente se mantiene erguido mientras realiza la guardia que ha elegido.

La buena noticia es que el uso eficaz de las piernas y los agarres dobles de muñeca le facilitarán el trabajo. Si la postura cambia, puede utilizar raspados, ataques y sujeciones desde atrás.

Guardia abierta

Así es como se presiona para una guardia abierta

La guardia abierta difiere de la guardia cerrada en que no requiere cerrar las piernas alrededor de la cintura o el pecho del adversario. Utilice la guardia abierta para hacer una transición desde una media guardia o una guardia completa débil provocada por los movimientos del oponente.

Existen varias posiciones de transición, sumisiones y raspados cuando se realiza la guardia abierta en el BJJ. Por ejemplo, puede transicionar a una guardia mariposa, De La Riva, De La Riva invertida o araña. Se diferencia de la guardia cerrada en algunos aspectos:

- **Posición de las piernas** - En una guardia abierta, sus piernas tienen propósitos específicos que se mantienen sin importar el tipo de guardia que sea. En la guardia abierta, una pierna siempre sirve como pierna de enganche y es la que fija a su oponente.

- Utilizará la otra pierna, que es la activa, en función de lo que desee ejecutar, especialmente para la retención de la guardia, sumisiones y raspados. La posición o colocación exacta de la pierna depende en gran medida del tipo de guardia abierta que pretenda utilizar.

- **Agarres** - La posición de guardia abierta permite una amplia gama de agarres. Sin embargo, recuerde siempre el principio subyacente, que es el control diagonal. Preferiblemente, debe agarrar una pierna y el brazo del lado opuesto, sin importar la variante de guardia que utilice.

- **Objetivos** - Una posición de guardia abierta significa que tendrá que mantener la posición antes de realizar un ataque. Varias posiciones de guardia abierta posibilitan solo unos pocos ataques, ya que priorizan más los raspados y el desequilibrio.

Otras posiciones de guardia le permiten realizar raspados y ataques encadenados para forzar al oponente a adoptar una posición defensiva todo el tiempo.

Otras guardias del BJJ y sus variantes

Aparte de la guardia abierta y la guardia cerrada, que son muy populares entre los principiantes de BJJ, hay otros tipos y variaciones de guardias con los que es importante familiarizarse. Estas guardias son útiles para controlar todas las posiciones del BJJ y ganar una pelea o un combate.

Guardia alta

Retener el hombro del oponente en una guardia alta

También es llamada guardia trepadora o curva. Maniobre con las piernas para trepar por el cuerpo del oponente y agarrarle uno o los dos hombros. Inmovilizar los hombros pone en peligro a su oponente porque lo deja a usted en posición de ejecutar fácilmente ataques de llave de brazo, raspado y triángulo.

En comparación con otros tipos de guardia, especialmente la guardia de caucho, la guardia alta requiere una flexibilidad mínima. Sin embargo, existen similitudes entre ellas, ya que implica el uso de ambas piernas para mantener baja la postura del oponente. Es una guardia de BJJ fantástica, ya que al oponente le resulta difícil golpearlo o pasar su guardia sin ofrecerle una oportunidad de sumisión o raspado.

Media guardia profunda

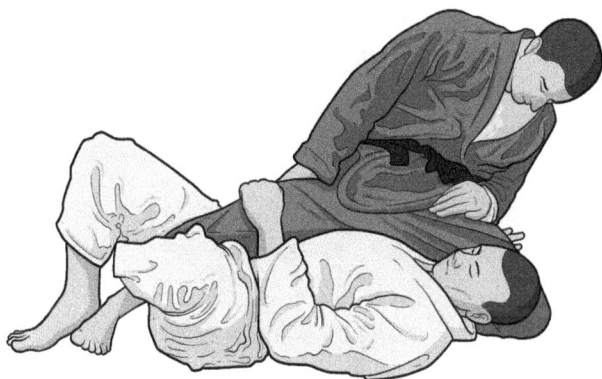

La media guardia profunda con las piernas en triángulo

Sin *Gi*, con un gancho mariposa bajo la pierna del oponente

Esta posición de guardia requiere rodar por debajo de su oponente, de modo que aproveche fácilmente su peso. Una vez que esté en esta posición, utilice las piernas para atrapar las de su oponente mientras se agarra a sus caderas con ambos brazos. Mueva las piernas para desequilibrar a su oponente. La media guardia profunda ofrece pocas oportunidades de someter, pero es una gran posición para realizar raspados.

Guardia de caucho

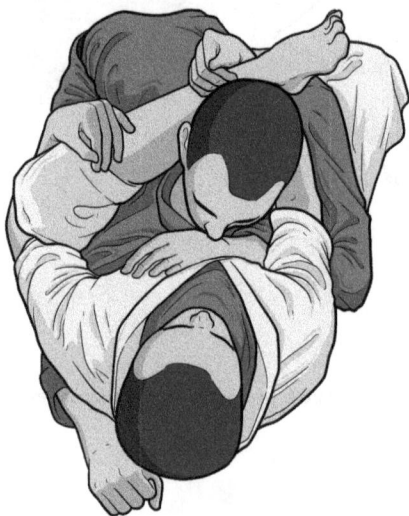

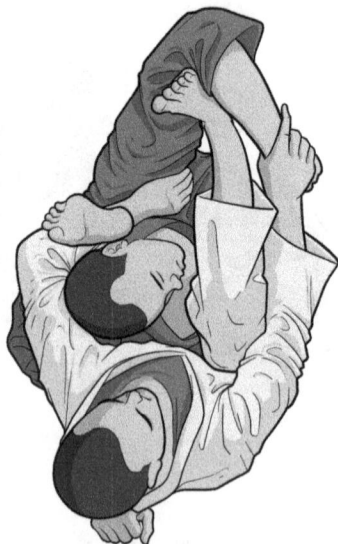

La guardia de caucho es desafiante y difícil de ejecutar, ya que requiere mucha flexibilidad. Ejecute esta posición si está desde una guardia alta o completa. En *jiu-jitsu*, la guardia de caucho es una variación para la guardia alta, ya que requiere que se utilicen ambos pies y colocarlos en una posición alta. Esta posición le ayuda a controlar el cuello de su oponente y asegura que su cabeza permanezca hacia abajo. El resultado es un control total sobre su oponente, que estará en una postura desfavorable para el BJJ.

Guardia araña

La guardia araña usada contra un oponente arrodillado (ambos pies sobre los bíceps)

Contra un oponente de pie, con un pie sobre el bíceps y el otro sobre la cadera

Contra un oponente de pie con un pie en el bíceps y una pierna alrededor del brazo

La guardia araña es una posición compleja del BJJ que puede usar para tener excelente control de la distancia contra un oponente arrodillado o de pie. Esta posición le permite desequilibrar a su oponente y le da oportunidades diversas para realizar sumisiones o raspados, incluyendo llaves de brazo y estrangulaciones en triángulo.

También puede utilizar la guardia de araña para hacer la transición a otras guardias de BJJ, como la guardia De La Riva. Puede ejecutarla como una guardia abierta agarrando las mangas o las muñecas de su oponente mientras usa un pie para controlar también sus brazos.

En la mayoría de los casos, solo tiene que poner un pie contra su bíceps; de lo contrario, su pierna corre el riesgo de girar en espiral cerca de su codo y sus dedos de los pies de esconderse debajo de la parte superior del brazo del rival.

Guardia mariposa

La guardia mariposa con un gancho inferior y un agarre de cinturón

Usando una manga del pantalón y un agarre de solapa cruzada

La guardia mariposa sin *Gi*, haciendo un agarre de abrazo de oso. Ocasionalmente usada en MMA, ya que hace difícil para el oponente golpear con fuerza

Una posición muy difícil desde la cual hacer la guardia mariposa (conocida como la guardia TK por los primeros comentaristas de UFC)

Esta posición dinámica llamada guardia mariposa permite varias opciones de raspados y puede ser utilizada en batallas de agarres con *Gi* o sin él. Para ejecutar esta guardia, primero familiarícese con la posición sentada y aprenda a permanecer activo mientras intenta desequilibrar a su oponente.

Muchos luchadores de *jiu-jitsu* brasilero utilizan esta posición para iniciar sumisiones con llaves de piernas. Algunos utilizan esta posición para hacer la transición a las posiciones de media guardia, guardia X con una sola pierna, y guardia X.

Guardia de rodilla o guardia Z

La guardia Z con la pierna inferior enganchando y la rodilla superior presionando la cadera

La misma posición con la rodilla superior presionando el área del pecho y los hombros

Puede ejecutar esta guardia desde la posición de media guardia. Levante una rodilla para quitar peso a su oponente. Así creará un escudo con su esqueleto, asegurándose de no ser aplastado por su oponente cuando él intente sumisiones o raspados. Para defenderse de una sumisión, ataque el brazo más lejano, y para ejecutar un raspado, consiga el gancho por debajo del lado más cercano y amenace simultáneamente la espalda.

Guardia pulpo

La guardia pulpo sin *Gi*

En la mayoría de los casos, se obtiene una oportunidad para la posición de la guardia pulpo cuando el oponente ejecuta un cambio de cadera después de estar en la posición de guardia de rodilla. Otra forma de hacer la guardia pulpo es mover su hombro más lejano detrás del de su oponente.

Use esta posición específica para raspar hacia la montada o alcanzar la espalda. También conocida como media guardia invertida, la guardia pulpo requiere que se apoye en su codo y depende de él para ser efectiva.

Guardia koala

Guardia koala

Puede hacer la posición de guardia koala mientras está sentado contra un oponente de pie. Agárrese a la pierna de su oponente, de forma similar a como lo hace un koala, abrazándolo lo que les llevará a una conexión más estrecha. La guardia koala se utiliza con frecuencia para transitar hacia otras posiciones de guardia, y también es útil si necesita atacar bloqueos de pierna como como llaves de pie, la llave de Aquiles y llaves de rodilla.

Guardia solapa de manga

Guardia solapa de manga

Para colocarse en esta posición de guardia, agarre la manga de su adversario con una mano. Con la otra mano agárrele la solapa del cuello y ponga su pierna en el bíceps de la manga que tiene agarrada.

Coloque la otra pierna en la cadera del adversario. Alternativamente, puede envolver esta pierna formando un gancho. Como en otras guardias de manga, su objetivo al ejecutar esta posición es empujar y desequilibrar a su oponente. Puede realizar diferentes raspados y provocar una sumisión, que suele ser el triángulo.

Guardia de cuarto

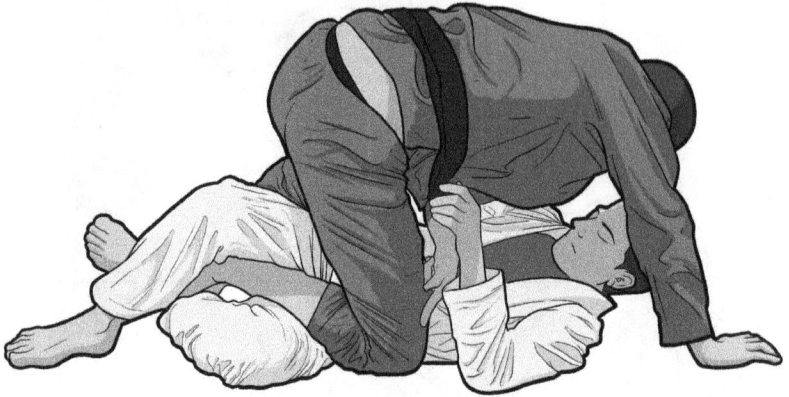

Guardia de cuarto

Esta posición está entre una defensa contra montadas y la media guardia. En la mayoría de los casos, la guardia de cuarto proporciona pocas posibilidades para atacar, por lo que se utiliza principalmente como una posición de retención para evitar los pasos de guardia.

A la mayoría de los luchadores no les gusta la guardia de cuarto porque está catalogada como una posición desfavorable. Esta posición depende de mantener atrapado el pie del oponente en lugar de su rodilla. A pesar de eso, es útil para raspados si el oponente comete algún error.

¿Qué es la retención de guardia?

Ahora que conoce algunas de las guardias más útiles, es el momento de entender cómo retener esta posición. Como principiante de BJJ, además de dominar las diferentes posiciones de guardia, también debe aprender a retenerlas.

El objetivo de dominar la retención de guardia es evitar los pasos de guardia del oponente y mantener una posición favorable. Actúe inmediatamente siempre que perciba que su oponente está a punto de pasar su guardia.

Por supuesto, el primer paso para manejar este dilema es mantener la calma. También es necesario que se enfrente a su oponente. Recuerde que para que usted pase la guardia, su oponente tiene que venir a su lado y ponerse en control lateral. Para evitarlo, siga girando el cuerpo y asegúrese de estar de cara a su rival todo el tiempo.

De este modo, él será incapaz de llegar a la postura ideal para pasar la guardia. El principio primario de retención de guardia que siempre debe recordar es mirar a su oponente.

Mantener la cabeza bajo control

No se preocupe si su adversario ya está a medio camino en su intento de pasarle la guardia, ya que aún puede salvar y recuperar su posición. La mejor forma de manejar esta situación es controlar la cabeza de su oponente utilizando ambas manos.

Esto evitará que él se mueva eficientemente y tendrá que priorizar hacerse cargo de sus manos, dándole tiempo suficiente para alejarse. Utilice este tiempo para restablecer su posición principal, que también es esencial para una retención de la guardia eficaz.

Posición adecuada de las rodillas

La posición adecuada de las rodillas también es crucial en la retención de la guardia. El objetivo es asegurar que las rodillas permanezcan tan juntas como sea posible, pero no significa necesariamente mantenerlas cerradas sin ningún espacio entre ellas. La mejor posición para las rodillas es muy cerca del pecho. A su oponente le costará mucho pasarle la guardia si usted consigue mantener las rodillas cerca del pecho.

Sin embargo, también debe aprender a alejar las piernas para crear una apertura para una entrada de control lateral. La retención de la guardia es posible si se asegura de mantener a su oponente cerca de usted.

Capítulo 7: El arte de los derribos

Los derribos son vitales en el *jiu-jitsu* brasilero, por lo que todos los practicantes deben saber realizarlos independientemente de su cinturón, experiencia y nivel de habilidad. En las competiciones de BJJ, el combate comienza en una posición natural de pie, pero ganará puntos valiosos si consigue un buen derribo. El derribo también define cómo terminará el combate.

Lo que resulta aún mejor de tener una buena caída es que le proporciona una excelente posición en el suelo, como el control lateral o las montadas. Incluso le da la oportunidad de tomar la espalda de su oponente.

Por qué aprender el arte de los derribos es importante para el BJJ

A la hora de comprender la importancia de los derribos en BJJ, es crucial entender las raíces de este arte marcial, y una de las más significativas es la defensa personal. Los derribos ofrecen la oportunidad de escapar rápidamente cuando necesita defenderse o poner en práctica sus habilidades de lucha desde el suelo.

Dominar buenos derribos es crucial, ya que le proporciona grandes ventajas defensivas, especialmente si la situación cuenta con más de un atacante. Casi todo el mundo cree que en las peleas callejeras el suelo es el área menos favorable.

Sí, su entrenamiento en *jiu-jitsu* brasilero le ofrece una gran ventaja física siempre que llega al suelo, pero es mejor evitarlo si está en peligro. Su objetivo en ese caso es escapar rápidamente y conocer los derribos le permitirá conseguirlo.

Los derribos también son vitales en las reglas que penalizan los pasos de guardia e indican si debe empezar el combate desde una posición superior. Además, sirven para sorprender a un atacante o a su oponente en las competiciones.

Nunca subestime la importancia de los derribos, no solo en las competiciones de BJJ, sino también cuando se enfrente a situaciones peligrosas.

Fundamentos para derribar

Todos los deportes de combate y las artes marciales, como el *jiu-jitsu* brasilero, consideran la habilidad para derribar a alguien como un aspecto vital. Además, las habilidades para derribar son valiosas herramientas de defensa personal durante las peleas callejeras. Con un derribo exitoso, usted debilita la posición de su atacante u oponente, poniéndolo en un lugar difícil y vulnerable que le da a usted la ventaja.

Es imperativo aprender los fundamentos de los derribos para realizarlos con éxito. Esta sección proporciona conceptos, consejos y ejercicios para mejorar sus técnicas de derribo.

Apuntar al punto débil

El punto débil es un aspecto fundamental del derribo que los principiantes de BJJ deben aprender y comprender. El punto débil es el punto que completa un triángulo con la línea imaginaria que conecta sus dos pies. En este punto se encuentra el centro de gravedad.

Por ejemplo, si un atacante u oponente se coloca en escuadra con los pies paralelos sobre el suelo, lo más probable es que su punto débil esté directamente hacia atrás o hacia delante. Recuerde que el punto débil cambia constantemente, pero no desaparece.

Una vez que mejore su destreza en la ejecución de derribos, le resultará más fácil sentir instintivamente la ubicación exacta del punto débil de su oponente. Puede utilizarlo para determinar la dirección ideal para realizar el derribo solo con un vistazo.

Desequilibrar al oponente

Al ejecutar derribos, aprender a desequilibrar a su atacante u oponente es extremadamente importante; es muy difícil derribar a un oponente si este se mantiene en perfecto equilibrio. Puede desequilibrar a su oponente mediante arrastres y derribos bruscos, lo que también es llamado *kuzushi* en judo.

También puede hacerlo tirando de su *Gi*, obligando a que se desequilibre. El acto de desequilibrar a su oponente funciona mejor si lo hace apuntando al punto débil, y la razón es que puede utilizar esta técnica para exponer el punto débil de su oponente.

El objetivo es forzar a su oponente a dar un paso en una dirección particular que le permita un acceso más fácil a su punto débil. Además, expone la pierna de su oponente, facilitando la ejecución de diferentes derribos.

Otros conceptos y estrategias fundamentales

Cada estilo de agarre tiene su propio concepto fundamental, que mejora su nivel de eficacia. Las siguientes son algunas de las estrategias y conceptos clave para mejorar sus habilidades de derribo:

Hoja de ruta para derribar

Se debe mejorar la capacidad de encadenar secuencias de derribos y combinarlas con diversas formas de agarre. En otras palabras, debe construir una hoja de ruta con las técnicas específicas que merece la pena emparejar o combinar.

La creación de una hoja de ruta también le ayudará con posiciones de *clinch* específicas que le garantizan su funcionamiento, dependiendo de la reacción de su oponente. Las hojas de ruta contribuyen a construir una base fuerte y sólida para moverse por todos los derribos y configuraciones posibles.

Lucha y manipulación de la posición de la cabeza

También asegúrese de saber cómo luchar y manipular la posición de la cabeza de su oponente utilizando su frente. Esta acción impide la visión del rival y lo mantiene desequilibrado. Recuerde que, en el agarre, la cabeza sirve como quinto miembro. Puede considerarse un excelente agarrador si sabe cómo presionar a su oponente utilizando la cabeza.

Agarrar y lanzar

Cuando luche contra un oponente más corpulento que sea superior en fuerza, céntrese en utilizar movimientos previos que le permitan agarrarlo rápidamente y alterar su postura y su equilibrio de inmediato. Mientras se recupera, abra espacios que pueda utilizar para sus derribos preferidos.

Entrénese para realizar los movimientos con rapidez y su oponente no podrá sujetarlo ni agarrarlo. Si falla en el primer intento, desengánchese. Algunos ejemplos de movimientos de agarre son los derribos bruscos y los jalones de brazo.

Obligue al adversario a adivinar su próximo movimiento

El uso repetido de combinaciones de técnicas y movimientos similares no es muy bueno en el BJJ, ya que su oponente podrá predecir más fácilmente sus movimientos y contrarrestarlos. Utilice su hoja de ruta de derribos para evitar esto. Asegúrese de que la hoja de ruta es lo suficientemente extensa para eliminar la previsibilidad en sus combates. Cambie frecuentemente sus combinaciones de derribos y posiciones y obligue a que su oponente tenga que adivinar todo el tiempo.

Llevar al adversario a sus posiciones favoritas

Durante sus combates, asegúrese de que sus tácticas animen a su oponente a moverse hacia la posición que usted prefiera. Por ejemplo, si está haciendo el derribo con una sola pierna durante el *clinch*, deslice las manos hacia delante para obtener un control doble del bíceps.

Si lo tiran del brazo del lado de su pierna adelantada, aproveche la posición de sus pies y obligue a su oponente a moverse con su cuerpo en lugar de utilizar la fuerza de sus brazos.

Su oponente dará un paso adelante para mantener el equilibrio. Lo más probable es que este paso sea del lado del brazo estirado, lo que hará que su pierna adelantada coincida con la suya. Es el momento perfecto para intentar un derribo de una sola pierna.

Formas de derribo esenciales que los principiantes deben conocer

Para empezar a dominar el arte de los derribos, aquí tiene algunos de los imprescindibles para principiantes de BJJ:

Doble pierna

El derribo con doble pierna es una técnica vital con muchas aplicaciones en el BJJ. No tendría sentido hacer una lista de derribos para principiantes sin incluir la doble pierna. Es el derribo más usado en las artes marciales, porque su técnica es simple y fácil de entender.

Para ejecutar el derribo con doble pierna exitosamente, primero debe cambiar de nivel, es decir, bajar la cabeza hasta la línea del cinturón de su oponente y realizar un paso de penetración. Debe agarrar las piernas de su oponente y luego ir hacia ellas.

Practique esta técnica a menudo y notará inmediatamente una mejora a la hora de agarrar a sus atacantes u oponentes con la guardia baja, sorprendiéndolos con esta técnica cuando menos se lo esperan. Tenga en cuenta que, aunque puede ejecutar la doble pierna de forma explosiva, a menudo es innecesario.

Suele ser mucho mejor comenzar lentamente y construir este derribo gradualmente para proporcionar a su compañero el tiempo suficiente para detener la caída.

Gancho de tobillo

Este derribo es probablemente la técnica más eficaz adaptada por el BJJ. La relativa simplicidad de la técnica del gancho de tobillo es la razón por la que es una de las primeras que se enseñan en BJJ y otras artes marciales.

Para realizar el derribo de gancho de tobillo, empuje la cabeza de su oponente sobre una de sus piernas, inmovilizando la pierna que tiene que soportar el exceso de peso. Mientras la pierna no pueda moverse, complete esta técnica de derribo dando un paso hacia dentro; esto es necesario para bloquear el pie objetivo antes de que llegue abajo y agarre el tobillo.

En este punto, levante el pie del adversario, lo que provocará el derribo o la caída de su oponente. Como habrá observado, esta técnica no es como otros derribos que implican golpes y lanzamientos de gran amplitud. Solo tiene que arrancar un pie de su oponente del suelo y este caerá sano y salvo a la lona.

Una ventaja del derribo de tobillo es que la penalización por fallo es muy baja. Además, a diferencia de lo que suele ocurrir en las luchas convencionales, no es necesario introducirse debajo del oponente para ejecutar el gancho de tobillo, lo que elimina la posibilidad de ser aplastado por el peso del rival.

Otra razón para entrenar el derribo con gancho de tobillo es que enseña a los luchadores a priorizar sus estrategias de derribo durante las competiciones y asaltos en vivo sin frustraciones. También es una técnica increíble para aprender si se siente incómodo con su lucha cuando está de pie.

Derribo con una pierna

Además de ser una técnica vital en la lucha libre, el derribo con una sola pierna también es útil en el *jiu-jitsu* brasilero. Esta técnica depende más de la fuerza que otros derribos. En el *jiu-jitsu* brasilero, particularmente en las variantes sin *Gi*, varios raspados resultan en derribos con una sola pierna, por lo que debe aprender a terminar de esta manera cuando participe en luchas de agarre sin *Gi*.

Para realizar el derribo con una sola pierna, primero cambie de nivel, luego enganche su brazo izquierdo alrededor de la rodilla derecha de su oponente mientras pivota hacia su pierna izquierda. Levante la pierna de su oponente del suelo mientras conecta sus manos y mantiene los codos cerrados. Asegúrese de que la parte superior de su cabeza se dirige también hacia el pecho de su oponente. Pellizque la pierna del rival entre las suyas.

Termine esta técnica con un derribo de doble pierna. Con la mano derecha, agarre la rodilla de la pierna de apoyo de su adversario; esto favorecerá la ejecución de la doble pierna. También puede terminar con un raspado de pie, quitándole la pierna de apoyo con uno de sus pies.

Entrepierna alta

La entrepierna alta es un cruce entre el derribo con una pierna y el derribo con dos piernas. La entrepierna alta no requiere la capacidad atlética del derribo con doble pierna. Sin embargo, debe tener más aptitud técnica que cuando ejecuta el derribo de una sola pierna.

Al igual que en el derribo a una pierna, apunte a la pierna adelantada cuando ejecute el derribo a la entrepierna. Sin embargo, su cabeza debe estar en el exterior del atacante u oponente en lugar de en el interior.

Jalón de solapa

El jalón de solapa es un derribo común que solo se aplica en el *jiu-jitsu* brasilero. Es un popular raspado de guardia que también se puede ejecutar de pie y es muy fácil de aprender, por lo que forma parte del arsenal de la mayoría de los principiantes en el BJJ.

El jalón de solapa es fácil de aprender, ya que no requiere que se coloque bajo el centro de gravedad de su oponente y tampoco es necesario causarle mucho desequilibrio. Además, el movimiento es similar al de la media guardia.

Para ejecutar este movimiento, agarre a su oponente con la mano derecha y deje que su pie izquierdo se aleje del pie derecho de su oponente. Deslice una pierna entre las de él y deje caer su cadera derecha al suelo.

Imagine que realiza la media guardia. Mientras desliza la cadera y la pierna derecha, tire del cuello de su oponente hacia el suelo. Sus rodillas deben terminar el derribo y clavarse en su atacante u oponente si es necesario.

Capítulo 8: El arte de la sumisión

El arte de la sumisión en el *jiu-jitsu* brasilero, también reconocido como el arte suave, es el pináculo del éxito cuando se domina este arte marcial. Tenga en cuenta que todos los participantes de BJJ buscan una sumisión, a pesar de que muchos torneos y combates de BJJ se deciden por puntos.

Como principiante, puede que se sienta abrumado con las numerosas sumisiones que debe aprender, controlar y dominar. Bueno, que no cunda el pánico. Solo debe aprender las formas básicas de sumisión del BJJ para comprender los principios fundamentales y someter con más facilidad a su oponente.

Cómo hacer cualquier sumisión en el BJJ

Existen muchas sumisiones en el BJJ, por lo que recordar cada una de ellas como tácticas y técnicas individuales puede resultar difícil. Sin embargo, una vez que determine las razones específicas de las sumisiones y se familiarice con el sistema de categorización, podrá comprenderlas plenamente y dominarlas con facilidad. Otro punto crucial es que esos aspectos específicos de las posiciones finales son universales para cada movimiento terminal del *jiu-jitsu* brasilero; por lo tanto, el posicionamiento es un concepto importante. A medida que busca sumisiones, es necesario que apoye la mayor parte de su cuerpo contra un punto específico del cuerpo de su oponente. Utilizando las partes fuertes de su cuerpo, le resultará más fácil atacar los puntos más débiles de su oponente.

Los agarres también son uno de los aspectos más importantes de la sumisión en el BJJ, porque pueden realizar o frustrar sus intentos de sumisión. Los agarres contribuyen mucho a tensionar las partes específicas del cuerpo que pretende atacar. También puede utilizar los agarres adecuados para aplicar torsión e introducir movimientos de giro en las sumisiones.

Estos son algunos principios mecánicos que sirven como bases principales para realizar sumisiones en *jiu-jitsu*. Sin embargo, recuerde que varias sumisiones también operan utilizando diferentes fundamentos, lo que significa que solo puede dominar estas sumisiones si las categoriza en un sistema sensato.

Técnicas de sumisión efectivas en el jiu-jitsu brasilero

Esta sección también le da una idea de cómo organizar las sumisiones para recordarlas fácilmente.

Además, obtendrá varias claves. Para comprender fácilmente varias sumisiones, están divididas en función de sus categorías principales y cada categoría tiene subcategorías específicas relativas a tácticas y técnicas.

Asfixias (estrangulamientos)

Los estrangulamientos son sencillos y fáciles de entender, y consisten en envolver algo alrededor del cuello del oponente y apretarlo. Existen cuatro técnicas de estrangulamiento para lograr sumisiones en el BJJ, tres de las cuales pueden utilizarse como estrangulamientos finales:

Ahogar cerrando la traquea.

Comprimir el pecho impidiendo su expansión mediante la presión.

Asfixia sanguínea comprimiendo la carótida a ambos lados del cuello del oponente.

También se puede realizar la manivela de cuello, aunque este movimiento entra en la categoría de las llaves espinales. Al realizar estrangulamientos, un principio importante que debe recordar es asegurarse de tapar el agujero.

No puede esperar que ningún estrangulamiento funcione si queda espacio alrededor del cuello del oponente. Luego de poner todos los elementos en su lugar para lograr la estructura corporal, debe tapar el agujero y así aumentar las posibilidades de que el estrangulamiento tenga éxito.

Además, es fundamental que tenga paciencia mientras espera a asegurar el estrangulamiento. Una vez que esté seguro de que está fijo, cuente hasta veinte, reajuste la posición si el oponente sigue sin golpear y aplique un apretón o realice nuevamente el estrangulamiento.

A continuación, se habla de las sumisiones que entran en la categoría de estrangulamiento.

Mataleón

Es imprescindible que los principiantes aprendan esta sumisión fundamental del *jiu-jitsu* brasilero. El mataleón a menudo opera desde el control de la espalda, especialmente cuando sus brazos rodean el cuello de su oponente. Puede reforzar este movimiento colocando un brazo en forma de 4.

Deje que los codos se peguen al pecho y al costado. Haga esto mientras aprieta para asegurarse de tapar el agujero mientras se asegura también de obtener una tensión y torsión adecuadas. Este estrangulamiento es legal en todos los cinturones de BJJ y es aplicable con o sin *Gi*.

Guillotina

Guillotina

A diferencia del mataleón o estrangulamiento por detrás, el estrangulamiento por guillotina es una sumisión por delante, con frecuencia desde la guardia, entre otras posiciones. Para ejecutar este estrangulamiento a la perfección, asegúrese de que la cabeza de su oponente queda bajo su axila. A continuación, realice el agarre fundamental de la correa de barbilla.

Completar el estrangulamiento de guillotina depende significativamente de la forma exacta que utilice. Además, el estrangulamiento puede funcionar como asfixia de aire o sanguíneo, ya que hay un elemento de compresión torácica en cada versión.

El estrangulamiento de guillotina produce resultados favorables tanto si utiliza un *Gi* como si no. También se puede hacer desde las posiciones de guardia, de pie, media guardia y montada. Además, tiene varias versiones, incluyendo el codo alto, guillotina de poder, diez dedos, codo bajo y brazo adentro.

Estrangulamiento en triángulo

Estrangulamiento en triángulo

El estrangulamiento en triángulo es una sumisión vital de la lucha de agarres que implica el uso de las piernas y el brazo del oponente. Esta variante específica de estrangulamiento se originó en el judo, pero es una sumisión famosa en BJJ hoy en día, ya que ofrece un buen rédito independientemente de la posición y con o sin *Gi*.

Puede iniciar la sumisión del estrangulamiento en triángulo desde una guardia cerrada. Sin embargo, es posible iniciarla también desde otros movimientos, como guardia abierta, control posterior, media guardia, montada y de pie.

Estrangulamiento toronja o Hélio Gracie

Estrangulamiento toronja o Hélio Gracie

Muchos practicantes de BJJ son aficionados a esta sumisión, ya que representa un método sencillo de estrangular a un oponente. Es un estrangulamiento tradicional que se puede hacer desde una montada, colocando los nudillos a ambos lados del cuello del oponente.

Apriete los puños al hacerlo y ponga los codos en el suelo para acceder a una posición excelente que permita a los nudillos ejercer presión directa sobre la arteria. Es una sumisión rápida, eficaz y dolorosa.

Estrangulamiento arco y flecha

Estrangulamiento arco y flecha

Este estrangulamiento es similar a un estrangulamiento de cuello posterior. Se puede realizar agarrando la pierna y la solapa del oponente mientras se mantiene el movimiento de sus piernas bajo control.

El nombre de esta sumisión deriva de la estructura que configuran los dos cuerpos cuando se ejecuta el estrangulamiento. También puede iniciar el estrangulamiento de arco y flecha desde la guardia cerrada, el control lateral y la tortuga.

Llaves de brazos y hombros

Otra categoría de sumisión de BJJ con la que debe familiarizarse es la de las llaves de brazos y hombros. La mayoría de las sumisiones de esta categoría implican atacar las articulaciones del brazo, incluyendo los hombros, la muñeca y el codo, y es el tipo de sumisión más utilizada hoy en día.

Aunque las llaves de brazo están en varias subcategorías, el éxito de todas depende en gran medida de si el brazo objetivo está doblado o recto, aparte de la efectividad del ataque a la articulación. El principio primario que rige todas las llaves de brazo es la importancia de controlar dos de las articulaciones vecinas a ambos lados de su oponente.

Llave de brazo

Llave de brazo

La llave de brazo implica el uso de un brazo recto apuntando a las articulaciones del codo. Una vez que haya completado el agarre superior o inferior, utilice sus caderas para presionar el codo de su oponente forzándolo a doblarse en una dirección no deseada e incorrecta.

Sus caderas y piernas tienen control total sobre las articulaciones de los hombros de su oponente, y su torso y brazos también afectan a su muñeca. Esta sumisión suele realizarse desde la guardia o la montada. Sin embargo, casi todas las posiciones permiten una entrada de llave de brazo. Esta sumisión es legal para todos y tiende a funcionar bien tanto si lleva *Gi* como si no.

Llave de brazo recto

Llave de brazo recto

Esta sumisión específica puede comenzar desde abajo o desde arriba. Si lo hace desde la guardia, se llama llave de brazo invertido. El objetivo final es utilizar los brazos en lugar de las caderas para ejercer presión sobre el codo. También se espera que sus piernas controlen la articulación de los hombros de su oponente. Utilice la cabeza para bloquear la muñeca y el hombro para atrapar el brazo.

Kimura

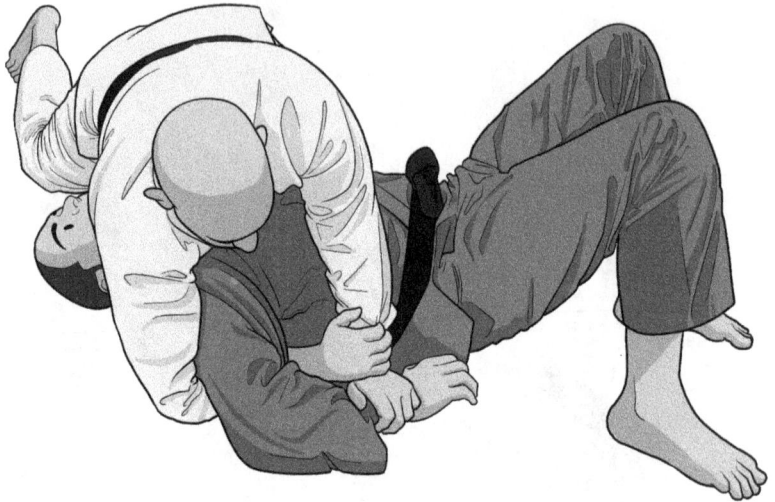

Kimura

Esta sumisión pertenece a la categoría de bloqueos de brazos doblados, que a menudo se dirige a las articulaciones de los hombros del oponente. Es una forma popular de sumisión del jiu-jitsu que utilizan muchos luchadores. Usando la configuración de agarre en 4, apunte a la muñeca de su oponente.

Esto significa que usted controlará el codo utilizando la palanca y sus piernas para cuidar el cuello. La kimura implica un movimiento de torsión con los brazos y el torso, pero el agarre puede romperse si no se realiza con eficacia.

Llave americana

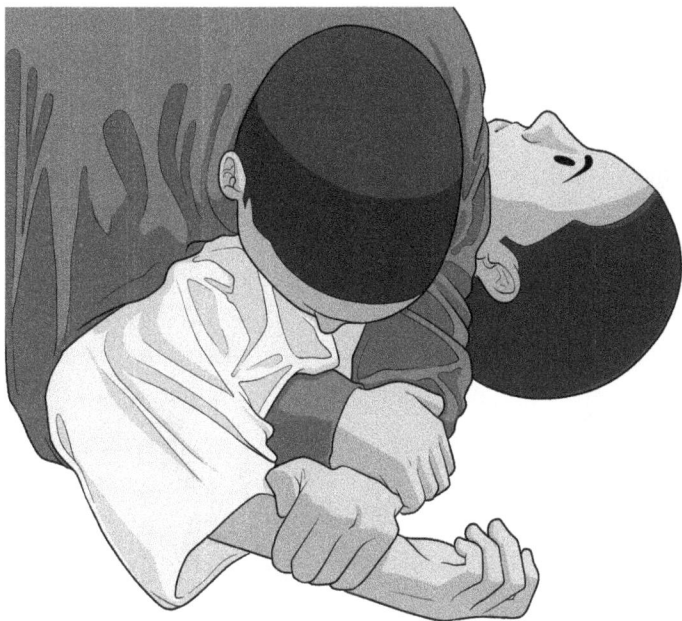

Llave americana

La sumisión americana es similar a la *kimura* en que también implica doblar un brazo en una dirección opuesta. Esta forma de sumisión es exclusiva de los luchadores en posiciones superiores, especialmente si se tiene en cuenta la dirección del brazo. La americana es efectiva una vez que consiga un agarre de 4 en la muñeca del oponente.

Asegúrese de utilizar su codo para bloquear el cuello del oponente permitiendo que el agarre controle el codo de él. Arrastre las palmas hacia atrás por la colchoneta en dirección a la cadera del oponente.

La llave americana se puede realizar desde la montada, la media guardia superior y el control lateral. No hay restricciones estrictas en cuanto a quién puede hacer esta sumisión, y se puede utilizar junto a muchas otras llaves de brazo.

Llave ardilla

Muchos consideran que la llave ardilla es la más astuta de todas las llaves de brazo del *jiu-jitsu* brasilero. Puede realizar una llave de este tipo usando las piernas. Es bastante diferente, ya que el control lateral inferior la hace preferible, y toda la sumisión es muy inesperada.

Toda la montada necesita ajustes y entrenamiento. Sin embargo, en esencia, usted está ejecutando una *kimura*, ya que utiliza sus piernas para enredar el brazo más lejano del oponente y someterlo desde abajo. También puede terminar el proceso moviéndose hacia arriba.

Llave de cuello

Llave de cuello

La llave de cuello pertenece a la categoría de llaves espinales y es una forma sencilla de sumisión. Se ejecuta doblando el cuello de su oponente en una dirección específica, lo que añade presión a su columna vertebral. Este movimiento es bastante peligroso y puede causar mucho dolor, por lo que debe tener mucho cuidado.

La llave de cuello tiene diferentes variantes, entre las que se encuentran las siguientes:

- **Abrelatas** – Este es un movimiento de sumisión que se ha ganado una mala reputación. El abrelatas se ejecuta desde la guardia. El objetivo es doblar la cabeza de su oponente usando ambas manos, de forma similar al *clinch* tailandés. Doble el cuello hacia delante, añadiendo presión extra con sus caderas.

- **Desde la montada** – Si inicia la llave de cuello desde la montada, se dará cuenta de lo fácil y sencilla que es de ejecutar. El proceso es muy intuitivo para muchos, ya que le permite ejecutar un mataleón desde la montada.

  Un brazo rodea la cabeza de su oponente y, mientras asegura el agarre, su palma va a la frente de su oponente. Puede implicar una presión desagradable, ya que tiene que presionar con su antebrazo directamente sobre la columna vertebral.

- **Desde atrás** – También puede hacer la llave de cuello desde el control posterior. Cuando gana el control posterior, hay muchas sumisiones de BJJ que puede hacer. Asegúrese de que el antebrazo cruza la mandíbula, obligando a la cabeza del oponente a girar hacia un lado, y termina bloqueando los brazos en un agarre de palma con palma, evitando el tirón.

Llaves de cadera

Llave de cadera

Las llaves de cadera constituyen otra categoría de sumisiones del *jiu-jitsu* brasilero con un par de variaciones.

- **Banana split** – Esta llave de cadera puede iniciarse desde la posición de tortuga. Agarre una pierna de su oponente y utilice sus piernas y brazos para agarrar la otra pierna y extenderse lejos de ambas, produciendo una dolorosa e incómoda llave de cadera.

- **Silla eléctrica** – Esta forma de sumisión es un estiramiento de la ingle y un raspado que puede iniciar desde una posición de bloqueo de media guardia. Puede ejecutar esta sumisión si establece un bloqueo. Use sus manos para forzar a su oponente a perder el equilibrio, luego agarre su pierna.

Termine manteniendo la pierna sobre su hombro. Esta forma de sumisión no siempre funciona en oponentes versátiles, lo que significa que también puede llegar a las rodillas de su oponente mientras mantiene los agarres para iniciar un paso de guardia.

Llaves de pie

La sumisión mediante llaves de pie tiene una amplia gama de variaciones. Las que se utilizan en BJJ incluyen las siguientes:

Llave recta de tobillo

Esta sumisión se centra en las articulaciones del tobillo y el tendón de Aquiles. Realícela mientras inmoviliza la pierna de su oponente usando ambas piernas y envuelve su brazo alrededor del pie de su oponente.

Hiperextienda el pie hacia fuera y hacia abajo de la pierna; puede hacerlo arqueando la espalda. Esta sumisión versátil es accesible desde numerosas posiciones, como la media guardia, el control posterior y el paso de jalón de pierna.

Llave de rodilla

La sumisión con la llave de rodilla funciona eficazmente cuando se realiza en una posición específica. Su objetivo al hacer la llave de rodilla es sentarse sobre las caderas de su oponente y abrazar sus piernas antes de caer de lado.

Esta posición da el espacio adecuado para triangular las piernas y concentrarse en conseguir un agarre de 4 sobre la pierna. Si se realiza correctamente, se puede quebrar la rodilla del oponente. Para ejecutar el quiebre, extienda las caderas y gire los hombros hacia el techo. Tenga en cuenta que solo los luchadores con cinturón negro y marrón pueden realizar la llave de rodilla.

Capítulo 9: Combinar lo aprendido: técnicas más avanzadas

Después de haber aprendido las técnicas básicas diseñadas para principiantes del *jiu-jitsu* brasilero, es hora de pasar a técnicas un poco más avanzadas, intermedias. Cuando domine las técnicas básicas del BJJ y sepa utilizarlas con destreza en un combate, habrá llegado el momento de pensar en las combinaciones.

Un ataque directo puede no ser suficiente, especialmente cuando se trata de un oponente experimentado. Los oponentes hábiles y con experiencia detectarán inmediatamente sus intenciones, antes incluso de que tenga la oportunidad de hacer un movimiento o plantear una defensa.

Los cinturones intermedios y avanzados deben crear ataques con diversas combinaciones tácticas y técnicas. El principio de acción-reacción comentado en un capítulo anterior es vital para lograr el éxito en las combinaciones de ataque. Cuando ejecute su primer ataque, su oponente se defenderá, exponiéndose a un segundo ataque.

La importancia de aprender combinaciones

El secreto último para convertirse en un luchador completo de *jiu-jitsu* brasilero y de cualquier arte marcial es aprender combinaciones. El conocimiento de las combinaciones de golpes y lanzamientos separa a un principiante de un luchador de BJJ experto.

Los principiantes en artes marciales, especialmente en *jiu-jitsu* brasilero, deben aprender a lanzar combinaciones estructuradas con fluidez. Cada táctica y movimiento es nuevo, por lo que resulta difícil combinar tácticas mientras aprenden e interiorizan lo básico. Sin embargo, en cuanto adquieran más experiencia, pueden pasar a un nivel más avanzado en el que aprendan estas combinaciones.

La habilidad para hacer combinaciones es crucial en todas las competiciones y entrenamientos de BJJ. Si no puede realizar ninguna combinación, será extremadamente difícil para usted vencer a un oponente experto, porque los luchadores expertos se defienden fácilmente si lanza un solo golpe o derribo.

Integrar fintas, trucos y terminaciones diferentes a sus ataques, golpes o derribos, cambia la intensidad de un combate. No importa lo experimentado y defensivo que sea un luchador, se verá abrumado si usted combina varios derribos y golpes. Un intento de defensa para un ataque provoca la apertura de un contraataque.

Si solo ha aprendido a lanzar ataques singulares, será imposible golpear la cabeza de un luchador experimentado. Sus movimientos serán predecibles para el oponente.

Un ataque ejecutado en solitario es inútil contra un oponente experimentado y solo resulta eficaz cuando se lucha contra un inexperto sin entrenamiento.

Usar combinaciones en BJJ

Como ya ha descubierto, el *jiu-jitsu* brasilero es un arte marcial de lucha desde el suelo. El objetivo de este arte marcial es raspar al oponente y obligarlo a someterse. Esto forma parte de las herramientas del luchador desde el suelo.

Al igual que el judo, el *jiu-jitsu* brasilero se centra en la distribución del peso entre usted y su oponente. En cualquier momento en que el oponente coloque el brazo o la pierna de forma incorrecta, puede atacar y utilizar la posición del rival para tumbarlo de espaldas en la colchoneta.

En BJJ, las combinaciones se utilizan de forma similar que en el judo. Por ejemplo, puede encadenar varios ataques para tomar desprevenido a su adversario u oponente y obtener el control total de su espalda.

Algunos luchadores expertos en BJJ pueden pasar de una llave de brazo a un estrangulamiento por detrás, o viceversa, asegurándose de que sus oponentes no puedan adivinar qué ataque vendrá a continuación.

Al encadenar muchos ataques, a su oponente le resulta difícil encontrar respuestas y defensas, y resulta todo un reto para él oponer una defensa y evitar la sumisión.

Entonces, ¿cuáles son las combinaciones que puede utilizar para convertirse en un luchador de BJJ más completo y hábil? Estos combos están entre las mejores respuestas:

Combinaciones encadenadas

Esta combinación puede transitar a través de varios ataques y vencer a varias defensas y escapes de sumisión. Comience esta combinación desde la posición de rodilla al pecho y, a continuación, establezca una llave de brazo con torsión fuerte y estable.

Abrace con fuerza el brazo de su oponente, asegurándose de mantenerlo pegado a su cuerpo, y ponga el pie cerca del hombro del oponente. Es posible que su rival intente salir por encima durante la transición, por lo que es importante que se mantenga firme.

Gire el cuerpo para posicionarse correctamente para su siguiente ataque, la *kimura*, que iniciará desde abajo. Utilice esta técnica para voltear a su oponente de forma que queden en posición llave de brazo.

Mientras le endereza el brazo, su oponente puede girar el pulgar hacia arriba en una carrera desesperada para liberarse de la llave de brazo. Esencialmente, estará corriendo en círculos mientras intenta escapar. Permita que su oponente siga intentando mientras usted realiza la transición a la omoplata alterando el ángulo y pateando con la pierna.

Su oponente podría adoptar una postura para defenderse de la omoplata, y cambiar al triángulo. El objetivo de esta técnica es que, tan pronto como sienta que está perdiendo la sumisión que busca, cambie a una nueva sumisión.

Para asegurarse de obtener buenos resultados con este combo, sienta a su oponente mientras intenta escapar de su sumisión. Permítale tener mínimas oportunidades de escape, ya que le sirven como apertura para otro ataque. Con la experiencia, aprenderá qué funciona y qué no.

Combo para liberar la parte inferior del cuerpo

Este es un combo relativamente corto diseñado para favorecer la fluidez, pero puede arrojar resultados muy favorables. Es una gran combinación para que el oponente haga más trabajo que usted mientras luchan. Comience preparándose para la ejecución del gancho de talón invertido. Cuando comience a torcer el talón de su oponente, asegure su agarre mientras él intenta dar vueltas para escapar.

Puede que en este punto se sienta inclinado a seguir a su oponente, lo que no es una mala táctica si está cien por ciento seguro de que puede terminar el ataque inicial. Sin embargo, si el rival se adelanta, aunque solo sea medio paso, lo mejor es dejarlo escapar mientras usted decide su siguiente movimiento.

Mientras esté dando vueltas, resista el impulso de alterar la posición de su cadera, excepto cuando realice el remate de llave de rodilla. Si ya ha realizado la llave de rodilla, deje que su oponente siga dando vueltas o rotando más allá de la llave de rodilla. Le servirá como punto de partida para un sencillo cambio a la posición 50/50, que puede utilizar para terminar la lucha con un gancho de talón.

Combo de paso de guardia a ataque y sumisión

Esta táctica específica le proporciona un medio para combinar un paso de guardia o avance posicional con una sumisión. Lo bueno de este combo es que está diseñado para llevar su lucha a un nivel completamente nuevo, ya que resulta muy difícil defender un ataque de sumisión y un paso de guardia simultáneamente.

Su oponente puede tener muchas dificultades para defenderse si usted realiza estos movimientos uno tras otro. Tan pronto como aborde el primer ataque, ya habrá pasado a otro nuevo, por lo que será un reto para él seguirle el ritmo.

Para esta técnica específica, empiece haciendo un paso de guardia con corte de rodilla. La clave para terminar rápidamente el paso es utilizar el gancho inferior. Sin embargo, si su oponente sigue ganando la lucha del gancho por debajo, puede dar un paso atrás para realizar un sólido ataque de llave de rodilla.

Espere a que su oponente ponga sus piernas en triángulo para defenderse de la llave de rodilla, luego deslícese para terminar la pelea con una sumisión de llave de tobillo recto.

De la guardia al estrangulamiento del triángulo

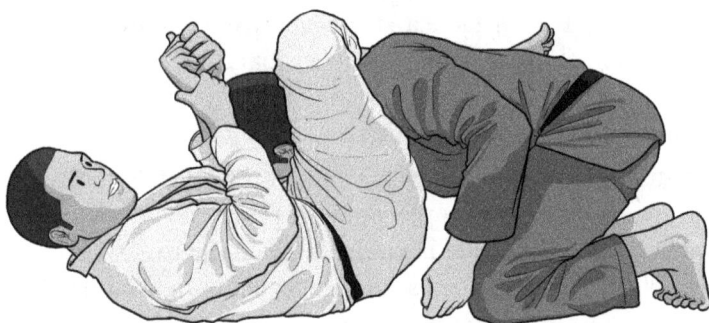

De la guardia al estrangulamiento del triángulo

Si está buscando una técnica de moda, un estrangulamiento en triángulo desde cualquier guardia es el movimiento más indicado. El estrangulamiento en triángulo es extremadamente popular en el BJJ, y todos los luchadores lo utilizan, desde los cinturones blancos hasta los negros. El estrangulamiento triangular es una técnica indispensable en MMA y otras competiciones mundiales con o sin *Gi*.

Para realizar esta combinación, ataque a su oponente desde abajo utilizando las dos piernas. Esta técnica específica es muy eficaz, especialmente si su oponente es más grande que usted. En este caso, puede que le resulte difícil invertir la posición y colocarse encima.

Empiece desde cualquier guardia y configure el estrangulamiento triangular de forma diferente según el caso, pero asegúrese de conocer bien los mecanismos de la guardia que elija. Debe estudiar varias formas de realizar la guardia a la perfección.

Además, tenga cuidado de no utilizar el estrangulamiento triangular para atacar cuando su oponente esté en una buena posición y postura. Sus posibilidades de ganar serán menores, ya que una postura excelente es la forma más fiable de defenderse de un estrangulamiento triangular.

Sacar el máximo provecho de las combinaciones en BJJ

Todos los expertos y leyendas del BJJ están de acuerdo en la importancia de utilizar secuencias y combinaciones para experimentar un crecimiento exponencial. Tan pronto como haya aprendido lo básico y pase al nivel intermedio, busque secuencias o tácticas que pueda ejecutar de forma competente y cómoda. Practíquelas con sus compañeros de entrenamiento de forma regular.

También es crucial encontrar compañeros dinámicos, concretamente aquellos que no defiendan sus intentos de sumisión, pero que se muevan lo suficiente para obligarlo a dominar sus combinaciones. La ventaja de esto es que lo catapulta hacia un nuevo nivel de progreso.

Deberá adaptarse a las secuencias y combinaciones que haya creado en función del esfuerzo y los movimientos ejercidos y ejecutados por su compañero de entrenamiento. Se verá obligado a comprender cuándo y cómo utilizar otras tácticas cuando sea necesario; esta es la clave para reforzar y fortalecer su ya creciente conjunto de habilidades de *jiu-jitsu* brasilero.

Capítulo 10: Presión del peso y control de la energía

La presión es otro aspecto y concepto importante de dominar en el *jiu-jitsu* brasilero. Incluso durante las primeras etapas de su entrenamiento como principiante en BJJ, sabrá que la presión mejora significativamente sus habilidades de agarre.

Aplicar presión en una práctica o pelea de BJJ ayuda a mantener a la otra persona en el suelo durante un período prolongado, lo que lleva a lograr una sumisión. También es necesario aplicar presión siempre que necesite pasar la guardia o ejecutar ciertos movimientos y posiciones. La presión también es necesaria para lograr que las sumisiones desde arriba sean más efectivas.

Tipos de presión en el jiu-jitsu brasilero

En el *jiu-jitsu* brasilero, el término «presión» se refiere a mucho más que simplemente la fuerza o el peso de un oponente. En la mayoría de los casos, el concepto gira en torno a puntos de control y maneras específicas en que se pueden sostener esos puntos.

La presión también permite mantener el control cuando se ejecutan posiciones importantes, como la montada, la montada posterior y el control lateral. Esta presión se presenta de tres formas que se explican a continuación:

Distribución del peso

Un área del BJJ en la que debe concentrarse es la distribución del peso, un elemento o concepto fundamental del BJJ que también se considera una forma de presión. A diferencia de su velocidad y su fuerza, que disminuyen a medida que envejece, sus habilidades para utilizar su peso de la mejor manera mejoran con el tiempo.

Significa que debe distribuir su peso correctamente para gastar menos energía mientras su oponente se arriesga a gastar más. La distribución correcta de su peso obligará a un oponente de un cinturón inferior a fatigarse más rápidamente. Por otro lado, si está luchando contra un rival de cinturón superior, puede utilizar su peso para frustrarlo.

Tenga en cuenta que cuando se enfrenta a personas con cinturones superiores, necesita más tiempo para aprender a distribuir su peso de la mejor manera, pero acabará dominándolo con la práctica constante.

Por ejemplo, cuando adopte la posición superior, elimine rápidamente los puntos de contacto de su oponente con el suelo. Estos puntos de contacto incluyen los hombros, la parte posterior de la cabeza y los codos.

Esto obliga a su oponente a soportar su peso sobre la sección media del cuerpo, que es más blanda, y la presión que usted aplique en esta zona afecta en gran medida la respiración de su contrincante. Además, para asegurarse de que utiliza la distribución del peso a su favor, tenga en cuenta lo siguiente:

- **Peso arriba** – Montada posterior, control lateral, pase de guardia, montada.

- **Peso abajo** – Guardia cerrada. Es altamente recomendable que recargue el peso de sus dos piernas sobre la espalda de su oponente mientras se asegura de que tiene ángulos de apoyo.

- **Peso angular** – Encuentre un ángulo específico que lo haga más pesado para su oponente a causa de la incomodidad.

- **Traslado del peso** – Caderas elevadas, caderas sueltas, rotación.

Una señal de que está distribuyendo correctamente su peso es cuando necesita un mínimo de fuerza en el agarre y la presión, lo que significa que gasta un mínimo de energía mientras que su oponente se esfuerza más.

Otra forma de mejorar la distribución del peso es reducir el movimiento y utilizar más la gravedad. Su oponente se sentirá como si estuviera bajo una pesada manta mojada o ahogándose en cemento.

Es crucial que se concentre en su respiración cuando ejerza su peso. Aparte de eso, busque una mejor alineación de su postura asegurándose de que sus rodillas permanecen por debajo de su cintura. Esto ayuda a evitar que su peso aplaste una costilla o que su pierna gire hacia dentro, lesionando los ligamentos de la rodilla.

Presión dolorosa

La presión dolorosa se encuentra a menudo en la lucha de agarre, pero muchos también la utilizan en el *jiu-jitsu* y en la lucha regular. Se utiliza como medio para forzar aperturas y reacciones rápidas para lograr la sumisión.

Lo bueno de utilizar la presión dolorosa es que provoca respuestas agudas y rápidas del oponente. Su rival responderá entrando en pánico, saltando o incluso estremeciéndose, y estas son las respuestas que usted busca al aplicar esta presión.

Sin embargo, la presión dolorosa no es eficaz cuando se utiliza contra un oponente con cinturón o rango superior, ya que la mayoría de los luchadores avanzados y de alto rango dominan la sensación de incomodidad.

Aun así, puede sacar provecho de la presión dolorosa mediante las siguientes técnicas con los oponentes adecuados:

- **Corte** - Esta técnica requiere ejercer presión con el codo sobre puntos débiles del adversario, como el deltoide frontal o la mandíbula.

- **Presión del hombro** - Comenzando desde el control lateral, utilice la presión del hombro para aplastar la mandíbula de su oponente o ejecute un estrangulamiento que resulte en una respuesta rápida de su oponente.

- **Amortiguador** - Esta técnica requiere restringir las vías respiratorias. Está clasificada dentro de la presión dolorosa porque provoca dolor en el oponente.

- **Rodilla al pecho o al cuello** – Esta técnica también pertenece a la presión de distribución del peso. La rodilla ejerce presión sobre el cuello o el estómago del adversario, provocando reacciones bruscas.

Antes de usar la presión dolorosa, recuerde que no puede esperar que funcione con luchadores avanzados de BJJ, por lo que debe prepararse antes de intentar estas tácticas de presión. Llegará a ser competente en el uso de tácticas de presión dolorosa en peleas, torneos y situaciones que requieran la defensa personal a través de la práctica regular.

Presión de pánico

El último tipo de presión que se utiliza en el *jiu-jitsu* brasilero es la presión de pánico. Es muy probable que sienta esta presión en las primeras etapas de su entrenamiento de BJJ. Su pánico puede deberse a la preocupación de terminar en malas posiciones todo el tiempo, lo que le impedirá respirar correctamente o pensar con claridad. Peor aún, puede sentirse todo el tiempo en riesgo de sumisión.

Sin embargo, tras mucha práctica y con la adquisición de más conocimientos y habilidades, todo se vuelve menos estresante. Aprenderá a utilizar la sensación de pánico para enfrentarse a su oponente.

Cuando avance a un nivel superior, podrá inducir el pánico en alguien con cinturón inferior aplicando presión de pánico cuando esté en una posición dominante. Su objetivo es controlar al oponente para que sienta que no tiene escapatoria.

Puede comenzar esta táctica con el control de la posición, teniendo control posicional y dominio e impidiendo cualquier vía de escape. Si aún no tiene oportunidad de aplicar las sumisiones previstas y su oponente sigue lleno de energía y vitalidad, concéntrese en detener sus escapes y contrarrestar sus movimientos. Se frustrará hasta el punto de entrar en pánico.

Si sospecha que su oponente está en este punto, realice algunos intentos más. Controle la posición y amenácelo con la pierna, el cuello o el brazo para provocar una respuesta de pánico o frustración. Su oponente se sentirá acorralado y no tendrá más opción que someterse.

Control de la energía y su importancia en el BJJ

Entre los muchos principios que rigen el *jiu-jitsu* brasilero, la gestión de la energía tiene una gran importancia. Muchos participantes de BJJ pasan por alto el control de la energía y no ven la importancia que tiene para ganar peleas. Imagínese lo que le sucede durante una pelea si se agota primero. Probablemente perderá, porque ya no tiene energía para seguir luchando.

Necesita aprender a gestionar su energía adecuadamente porque, en BJJ, una alta resistencia es crucial y le da un nivel superior de control en la pelea. Su objetivo cuando lucha es no quedarse nunca sin combustible. Si se asegura una excelente capacidad para gestionar su energía, sobrevivirá y durará más que su oponente.

Seguir un estilo de vida saludable le garantiza una gestión adecuada de su energía a niveles elevados y de forma continuada mediante el cumplimiento de una rutina diaria de entrenamiento y ejercicio. Su objetivo es estar en la mejor forma y condición física posibles para evitar perder energía rápidamente.

¿Cómo mantener la energía al máximo durante los combates?

He aquí algunas formas de asegurarse de que su energía está a tope durante sus combates, aumentando sus posibilidades de éxito.

Respirar adecuadamente

En un combate de BJJ, la respiración adecuada consiste en expulsar el aire por la nariz o la boca en lugar de inhalarlo. Tenga en cuenta que la inhalación se produce de forma natural tras una exhalación completa, lo que significa que no es necesario volver a inhalar.

Otro consejo para respirar correctamente es producir sonidos cada vez que exhale. De este modo, oirá cómo se produce la exhalación hasta que se acostumbre a ella.

El objetivo de este ejercicio es que controle su respiración durante todo el combate. Inhale por la nariz y utilice el diafragma para respirar, en lugar de la parte superior de los pulmones.

Desarrollar la mentalidad adecuada

Cuando domine la respiración y la controle eficazmente, notará que controla fácilmente su mente. En un combate de BJJ, su mentalidad también contribuye a sus niveles de energía. El objetivo es mantener la calma, incluso cuando se enfrenta a la presión; de lo contrario, corre el riesgo de perder su energía demasiado rápido.

Una forma de mantener la calma durante un combate es concentrarse en los patrones de respiración, como exhalar más durante un periodo prolongado. Además, es importante que aprenda a controlar emociones como la excitación, el miedo y la ansiedad. Sin embargo, independientemente de su nivel de BJJ, correrá el riesgo de sentir al menos una de las emociones mencionadas.

Si no puede controlarlas y utilizarlas a su favor, corre el riesgo de perder su posición, no pensar con claridad su próximo movimiento y ser sometido. Recuerde que estas emociones provienen de su mente, por lo que debe desarrollar la mentalidad adecuada durante sus combates.

En un combate de BJJ, estar en el momento presente garantiza que su mente se mantenga centrada en su objetivo y tome decisiones más sabias. También ayuda a controlar sus emociones y evitar que pierda su energía, haciendo que cometa aunque sea pequeños errores que comprometan sus logros en una pelea.

Capítulo 11: Jiu-jitsu brasilero vs. jiu-jitsu japonés

Una idea común sobre el *jiu-jitsu*, pero equivocada, es que la variante brasileña es igual a la japonesa; es fácil confundirse. Sin embargo, si bien hay similitudes en la historia, el origen y las técnicas, también hay varias diferencias.

Este capítulo muestra lo que el *jiu-jitsu* brasilero y el *jiu-jitsu* japonés tienen en común, así como sus diferencias, para que conozca la verdad detrás de este concepto erróneo. Aprender sobre las particularidades de cada uno también le ayudará a decidir cuál es el tipo de *jiu-jitsu* más adecuado para usted.

Lo que tienen en común

La primera similitud entre el *jiu-jitsu* japonés y el brasilero es que ambos están estrechamente relacionados con el judo. Si está familiarizado con el judo Kodokan, sabrá que es una variación modificada del *jujutsu* japonés tradicional.

El nacimiento del BJJ se dio a partir de los conocimientos que la gente tenía del judo Kodokan, por lo que es seguro asumir que el *jiu-jitsu* japonés y el BJJ están relacionados indirectamente.

Aparte de su relación indirecta en lo que respecta al origen, existen similitudes en algunas técnicas, como los agarres, las llaves de piernas, las llaves de brazos, los estrangulamientos y las manipulaciones articulares.

Otra cosa que los hace muy similares es que están diseñados para participantes de cualquier tamaño y complexión física. Ambos se han creado para que los participantes más pequeños puedan luchar contra oponentes más fuertes y corpulentos. Las habilidades y conocimientos que se pueden adquirir en ambas artes marciales son útiles para la defensa personal, el combate y las competiciones.

Las diferencias

El *jiu-jitsu* brasilero y el *jiu-jitsu* japonés también son muy diferentes en muchas áreas fundamentales.

Historia

Un aspecto significativo en el que se diferencian enormemente es en su historia. El *jiu-jitsu* japonés surgió primero, e incluso se lo reconoce como la forma más antigua de artes marciales, con raíces que se ubican entre los años 780 d. C. y 1200 d. C. A principios del siglo XIII, muchos utilizaban el *jiu-jitsu* japonés para protegerse de oponentes fuertemente armados y blindados en el campo de batalla.

Durante el periodo Edo del siglo XVII en Japón, el *jujutsu* y otras formas de combate cuerpo a cuerpo se hicieron populares. Fue también durante esta época cuando las artes de agarre se empezaron a reconocer como *jujutsu*.

A finales del siglo XIX, Jigoro Kano, un practicante de *jujutsu*, introdujo algunos cambios en el arte y empezó a centrarse más en las sumisiones. Llamó a este nuevo arte judo Kodokan y comenzó a enseñarlo en el Instituto Kodokan de Tokio. Así nació el judo moderno o *jiu-jitsu* japonés.

La historia del BJJ es bastante diferente. Como ya se comentó en un capítulo anterior, este arte marcial comenzó después de la creación del judo, concretamente cuando los expertos en judo empezaron a viajar por todo el mundo.

Algunos llegaron a Brasil enseñando este arte; uno de ellos fue Mitsuyo Maeda, un experto en judo, maestro y boxeador. Maeda viajó por Brasil durante las décadas de 1910 y 1920, desafiando a muchos luchadores de otras artes. Con el tiempo, Maeda y Carlos Gracie se cruzaron, dando lugar al nacimiento del *jiu-jitsu* brasilero.

Reglas

El BJJ y el *jiu-jitsu* japonés tienen diferencias significativas en sus reglas. El *jiu-jitsu* japonés es más relajado, en el sentido de que no tiene el fuerte componente deportivo que tiene el BJJ, evidenciado por las competiciones que se celebran en todo el mundo.

En cuanto a las reglas puntuales, las competiciones de BJJ comienzan con los dos luchadores en posición de pie. Ambos intentan derribarse mutuamente o pasar directamente a la primera guardia, también llamada guardia de arrastre. Una vez en el suelo, luchan para que su oponente se someta o para colocarse en una posición dominante y ganar más puntos.

El luchador que consiga someter a su oponente se proclamará vencedor al instante. En caso de que no haya sumisiones exitosas, los puntos obtenidos por cada uno deciden el ganador del combate:

- 2 puntos por derribos.
- 3 puntos por pasos de guardia.
- 2 puntos por la posición de rodilla al pecho.
- 4 puntos por montadas.
- 4 puntos por control posterior.
- 2 puntos por raspados.

Varias organizaciones de *jiu-jitsu* brasilero celebran competiciones de este arte marcial cada año, y cada organización puede tener su propio reglamento, pero la mayoría de estas reglas son similares.

El *jiu-jitsu* japonés tradicional no cuenta con un entorno de competición deportiva sólido y fuerte como el BJJ. Sin embargo, se pueden encontrar ramificaciones modernas, como la JJIF (Federación Internacional de *Jiu-Jitsu*). Las competiciones celebradas por la JJIF constan de tres pruebas: pareja, combate y *Ne-Waza*.

- **Pareja** – Dos practicantes deben realizar tácticas de defensa personal al azar basándose en lo que diga el árbitro. Los criterios de juicio son el control, la realidad y la potencia, entre otros.
- **Combate** – Se trata de una competición en tres asaltos en la que se utilizan golpes en la fase inicial del combate. Una vez que un luchador sujeta al otro, se pone fin al uso de golpes.

A partir de ese momento, ya no están permitidos los golpes y el objetivo de los luchadores es derribarse mutuamente.

Una vez en el suelo, los participantes utilizan estrangulaciones o llaves para someter al otro. Este evento se califica mediante un sistema de puntos, en el que se otorgan puntos a los participantes en función de sus técnicas a lo largo del combate.

- *Ne-Waza* - Este último es muy similar al combate y las competiciones que se realizan en BJJ. Consiste en el enfrentamiento de dos luchadores, inicialmente en posición de pie, y no se permite el uso de golpes.

El objetivo es derribar al oponente al suelo y obligarlo a someterse mediante estrangulamientos o llaves. Los participantes también ganan puntos por posiciones dominantes, lanzamientos y derribos.

Progreso y cinturones

El BJJ y el *jiu-jitsu* japonés también tienen diferencias en cuanto a los niveles de los cinturones y la forma de progresar en los niveles. El BJJ utiliza un sistema de cinturones compuesto por ocho cinturones.

- Blanco para aquellos que todavía están aprendiendo.
- Azul para quienes dominan la técnica.
- Morado para quienes tienen experiencia en desarrollar el combate y las sumisiones.
- Marrón para aquellos que logran el dominio conceptual, fortalecen sus debilidades, y saben establecer trampas.
- Negro para quienes reflexionan, enseñan y empiezan de nuevo.
- Rojo y negro para quienes alcanzan el cinturón negro de séptimo grado.
- Rojo y blanco para quienes alcanzan el cinturón negro de octavo grado.
- Rojo para quienes alcanzan el cinturón negro de noveno y décimo grado.

Cada cinturón por debajo del cinturón negro tiene cuatro rayas que demuestran los niveles de habilidad dentro de un cinturón específico. El instructor tiene autoridad para conceder ascensos de raya y de cinturón. Además, tenga en cuenta que cada escuela tiene su propio conjunto de reglas y políticas sobre cómo progresan los estudiantes de BJJ.

Algunas escuelas utilizan un sistema de calificaciones para las rayas o cinturones concedidos a sus estudiantes. Los grados obtenidos se basan en las técnicas demostradas durante los combates y entrenamientos cuerpo a cuerpo. Otras escuelas dependen enteramente de sus instructores para las decisiones relativas a la progresión y promoción. Así, usted puede ganar un nuevo cinturón en función de su rendimiento y sus conocimientos técnicos, sumado a su tiempo, velocidad y destreza en el combate.

El *jiu-jitsu* japonés sigue un sistema de cinturones diferente, que depende de la escuela en la que asista a clases:

- Blanco.

- Amarillo.

- Naranja.

- Verde.

- Azul.

- Morado.

- Marrón.

- Negro.

Algunas escuelas dan un cinturón rojo a los principiantes antes del cinturón blanco. Por otro lado, otras escuelas ofrecen consejos entre cinturones. La mayoría de los entrenamientos de las escuelas de *jiu-jitsu* japonés requieren que los estudiantes cursen un sistema formal de grados para progresar al siguiente cinturón. La escuela determina las técnicas específicas que se deben aprender en cada nivel.

Por ejemplo, escuelas como la Federación Mundial de *Jiu-Jitsu* de Irlanda exigen que los estudiantes aprendan y muestren un número específico de tácticas, algunas terminologías japonesas y un poco sobre anatomía para avanzar de nivel.

Uniforme

Ambas formas de artes marciales requieren que los participantes lleven el mismo uniforme, conocido como *Gi* de *jiu-jitsu*. Sin embargo, los uniformes de cada disciplina difieren en su peso. El *Gi* que se usa en BJJ suele ser más pesado que los de karate, y el *Gi* de *jiu-jitsu* japonés es más liviano que el *Gi* que se usa en karate.

Además de la vestimenta (*Gi*), los alumnos de BJJ también deben usar protectores bucales para protegerse. Los estudiantes de *jiu-jitsu* japonés, en cambio, llevan protectores inguinales para protegerse de los golpes que puedan causar daño en esa zona.

Diferencias técnicas y tácticas

Los enfoques principales del BJJ son el agarre y la lucha desde el suelo. Los luchadores de BJJ utilizan estrangulamientos, llaves y asfixias para someter a sus oponentes. El *jiu-jitsu* japonés se centra en la manipulación de las articulaciones, los golpes, las llaves, las asfixias, los estrangulamientos y el derribo de oponentes.

El BJJ utiliza los derribos como medio para llevar a los oponentes al suelo. Su objetivo es establecer posiciones dominantes para controlar la lucha y someter al oponente.

Una de las posiciones más distintivas del *jiu-jitsu* brasilero es la guardia. Se trata de un término genérico que engloba varias posiciones en las que los participantes se tumban sobre las nalgas o la espalda con las piernas a la defensiva alrededor o delante de sus oponentes. Muchas de las técnicas previsibles del BJJ se utilizan para someter a los oponentes, moverse a posiciones deseadas y escapar de posiciones desfavorables.

Los practicantes de *jiu-jitsu* japonés adquieren conocimientos para defenderse de un atacante de diversas maneras. Se enseñan técnicas de sumisión o golpes para incapacitar a los atacantes. La práctica de estas técnicas también incluye el entrenamiento con un compañero en diferentes situaciones para bloquear los golpes iniciales del atacante y ejecutar llaves en distintas articulaciones. Es bastante similar al BJJ, ya que también se centra en la defensa personal.

Jiu-jitsu brasilero y japonés – sus pros y contras

A la hora de decidir entre el *jiu-jitsu* brasilero y el japonés, es crucial comprender los pros y los contras de cada uno. Puede decidir cuál de estas dos increíbles artes marciales es la más adecuada para usted descifrando sus puntos fuertes y débiles.

Pros y contras del BJJ

Una ventaja significativa del BJJ es que es más rápido y exigente físicamente que el *jiu-jitsu* japonés. Si quiere entrenamientos rigurosos, el BJJ es la elección correcta. Lo que aprende en este arte marcial, incluidas las técnicas de trabajo desde el suelo, lo hace más hábil en competiciones y combates.

Tener habilidades desarrolladas de BJJ le permitirá asistir a competiciones y entrenamientos de alto nivel como compañero y/o entrenador de combates cuerpo a cuerpo. El BJJ también es excelente para la defensa personal.

Le enseña a utilizar técnicas específicas siempre que se encuentre en un escenario de defensa personal. Muchas de las técnicas fundamentales del BJJ, como los escapes, los agares posteriores y los derribos, son extremadamente útiles para contener a oponentes o atacantes.

Sin embargo, el BJJ también tiene sus puntos débiles. Por un lado, no incluye golpes, que son muy útiles en defensa personal. Además, da prioridad a enseñar a los alumnos a luchar desde el suelo y, en algunos casos, se ignoran los derribos.

Pros y contras del *jiu-jitsu* japonés

Una de las ventajas del *jiu-jitsu* japonés es que enseña una gran cantidad de habilidades y técnicas de defensa personal. En algunos casos, el entrenamiento se asemeja a escenarios de combate de la vida real, pero no se entrena para participar en competencias.

Además, tomar la decisión de aprender *jiu-jitsu* japonés le enseñará técnicas valiosas que puede aplicar en peleas y contra atacantes de todo tipo, incluyendo golpes, derribos y lucha desde el suelo.

Sin embargo, tiene sus puntos débiles. Uno de ellos es que no cuenta con el entrenamiento de lucha cuerpo a cuerpo que a menudo se incluye en las clases de BJJ. También pone más énfasis en el entrenamiento de los participantes de bajo nivel, por lo que sus movimientos son más tranquilos y controlados que los del BJJ.

Aparte de esto, el *jiu-jitsu* japonés no ofrece muchas oportunidades para competir, por lo que puede no ser adecuado si le gustan los combates y competencias oficiales.

Capítulo 12: Ejercicios diarios de BJJ

¿Tiene la intención de convertirse en uno de los mayores expertos y maestros en el mundo del *jiu-jitsu* brasilero? Entonces, al igual que quienes ya dominan este arte marcial, debe esforzarse y pasar interminables horas practicando. No es solo el esfuerzo lo que lo acerca a su objetivo de dominar el BJJ, sino su constancia y dedicación.

La buena noticia es que todo el mundo puede dominar este arte marcial, siempre que sea lo suficientemente persistente y dedicado. Una forma de convertirse en experto en este campo es hacer ejercicios de BJJ con regularidad. Realizando ejercicios de BJJ en casa, interiorizará los movimientos desconocidos.

Comprometerse con un régimen de entrenamiento diario es como afilar su espada. Hágalo todos los días y mejorará la flexibilidad de su cuerpo, se volverá menos rígido, sus movimientos fluirán con suavidad y los ejecutará sin ningún problema, al igual que sus técnicas.

Sus ejercicios diarios de BJJ también lo harán menos propenso a lesionarse durante un combate. Este último capítulo, un capítulo adicional, le enseña los mejores ejercicios diarios de BJJ con los que puede comenzar su entrenamiento y práctica diarios, independientemente de dónde se encuentre.

Utilícelos para aprender BJJ por su cuenta o combínelos con sus clases de academia para mejorar aún más su experiencia y sus conocimientos.

¿Qué son los ejercicios de BJJ?

Los ejercicios de BJJ son movimientos o series de movimientos que imitan un combate real o una ronda de entrenamiento cuerpo a cuerpo de BJJ. Algunos de los ejercicios se pueden hacer en solitario y otros requieren la presencia de un compañero. Cuando haga ejercicios de BJJ, practique las técnicas específicas para perfeccionar hasta el más mínimo detalle de su lucha. Los ejercicios son útiles para mejorar los movimientos generales que puede aplicar en varias posiciones durante el combate.

Ejercicios de BJJ individuales

Como ya se ha mencionado, los ejercicios de BJJ individuales son aquellos que puede hacer solo. Estos son algunos ejemplos:

Fuga de cadera

Un movimiento básico de BJJ que aprenderá durante el entrenamiento o las clases es la figa de cadera. Debe formar parte de sus ejercicios diarios de BJJ, ya que dominar este movimiento le ayuda a escapar fácilmente de una mala posición, como una montada o un control lateral.

Asegure una pierna y mueva el trasero hacia un lado. Utilice ambas manos en el otro lado para facilitar la ejecución del movimiento y obtener mejores resultados. Realice este movimiento como parte de sus ejercicios de calentamiento durante todo el tiempo que desee.

Levantamiento técnico

Este vital ejercicio de BJJ es perfecto para principiantes y es muy recomendable practicarlo a diario. Muchos lo consideran un movimiento seguro y eficaz que permite levantarse después de caer.

Comience sentado en el suelo, doble las rodillas y apoye los pies en el suelo. Inclínese hacia un lado, apoyando la pierna y la cadera en el suelo. La mano del mismo lado también debe estar con la palma apoyada en el suelo, cerca de la cadera y ligeramente hacia atrás.

Con la rodilla aún flexionada, presione sobre el otro pie y apoye el peso sobre la mano libre y el pie en el suelo, empujando hacia arriba.

Fuga de cadera invertida

Esta es una variación invertida de la fuga de cadera. Es un poco más difícil de ejecutar que la típica fuga de cadera, pero tiene muchos usos, como liberarse de una posición inferior, escapar de una llave de brazo y cerrar el espacio o la distancia entre usted y su oponente.

Acuéstese en el suelo con las piernas estiradas y levante las manos. Elija un lado sobre el que rodar, luego encoja los hombros en función de la dirección de la cintura y pivote utilizando un hombro.

Usando los talones, mueva el cuerpo de modo que mire en la dirección de los pies. Extienda ambas piernas hacia fuera y ruede hacia el otro lado. Repita los pasos hacia el lado opuesto.

Puente a fuga de cadera

Este es un movimiento que también puede hacer solo, y es útil si se enfrenta a un oponente que lo ha montado. El puente a la fuga de cadera le proporciona un medio de escape eficaz.

Lo primero que debe hacer es construir un puente dejando que su trasero se eleve en el aire mientras se acuesta boca arriba y ejecuta el movimiento de fuga de cadera. Es un movimiento fantástico que resulta muy eficaz para escapar de una mala posición.

Voltereta Granby

La Voltereta Granby está clasificada como una técnica de lucha libre, pero también es útil en el *jiu-jitsu* brasilero. Es una gran técnica para escapar de posiciones inferiores o desfavorables y para defenderse de diferentes ataques. Prepárese para pasar tiempo practicando hasta perfeccionarla, y una vez que domine la técnica, le resultará relativamente fácil ejecutarla.

Tenga en cuenta que la flexibilidad no es la clave definitiva para realizar una voltereta Granby, sino una buena mecánica de los movimientos. Cuando ejecute este movimiento, evite rodar sobre la nuca o el cuello.

Comience el movimiento desde las rodillas. Coloque un brazo entre las piernas hasta que note que su hombro toca el suelo. Es importante que en este paso desvíe la mirada para no ver el hombro bajado. Levántese ligeramente hacia la punta de los pies, lo que hará que ambas rodillas se despeguen de la esterilla.

A continuación, camine como cangrejo en una dirección determinada. Su otro hombro se acercará a la esterilla y deberá mirar al techo por entre las piernas.

Asegúrese de que tanto los hombros como los pies están en el suelo. Continúe caminando como cangrejo hasta que vuelva a ponerse de rodillas.

Expansiones

Las expansiones son movimientos defensivos en los combates de BJJ, y puede realizarlos para contrarrestar los golpes de derribo de su oponente. Como su nombre lo indica, las expansiones requieren expandir el cuerpo con el objetivo de abalanzarse sobre el oponente y dominarlo.

Realice esta técnica poniéndose primero de pie. Inclínese ligeramente y estire ambas manos hacia fuera. Acuéstese en el suelo hasta que su espalda quede plana. Al hacerlo, asegúrese de que las palmas de las manos soportan todo el peso del cuerpo. Las piernas también deben extenderse hacia atrás.

Mantenga la pierna derecha estirada y doble la rodilla izquierda. Levante rápidamente la parte media del cuerpo y camine en cuclillas hacia la derecha, pivotando el cuerpo sobre las palmas de las manos. Haga los mismos pasos en el otro lado.

Ejercicios colectivos de BJJ

Los ejercicios de BJJ en solitario se realizan si no tiene un compañero de entrenamiento. Es útil tener un maniquí de lucha de agarre para realizar estos ejercicios en la comodidad de su hogar.

Jalón de pierna

Este ejercicio específico de BJJ es muy divertido y emocionante al mismo tiempo, ya que le ayuda a mejorar su coordinación. Es un movimiento fundamental que siempre formará parte del entrenamiento y la práctica de BJJ. Comience el ejercicio de jalón de pierna colocándose cerca de su compañero u oponente.

Su oponente debe acostarse en el suelo con los pies a ambos lados de sus caderas. Agarre una de sus rodillas y empújela hacia un lado, hacia un costado de su cuerpo. Esto es necesario para pasar la guardia de su oponente. Repita los pasos del otro lado.

Ejercicio de puente

Este ejercicio de BJJ también es divertido, aunque puede ser ligeramente dañino. Comience acostándose junto a su oponente. Sujete sus piernas y láncese para ejecutar una voltereta frontal sobre su cuerpo. Asegúrese de aterrizar sobre la espalda y las piernas. No deje de sujetar las piernas de su oponente mientras realiza el movimiento. Repita los pasos, pero esta vez del otro lado.

Ejercicio de tornado

Este ejercicio de BJJ es similar al jalón de pierna; la única diferencia es que este requiere halar de las piernas de su oponente hacia un lado. Muévase hacia su costado, luego pase la guardia de su oponente. Vuelva a su posición inicial y repita los mismos pasos en el otro lado.

Conclusión

Con disciplina, compromiso, trabajo duro y constancia, dominará el *jiu-jitsu* brasilero en poco tiempo. Debe estar preparado para pasar por todo el entrenamiento, que le enseñará todo lo que necesita saber sobre este arte marcial.

El BJJ es muy divertido, especialmente para los estudiantes más jóvenes, y proporciona muchos beneficios. Pocas veces encontrará un deporte como el *jiu-jitsu* brasilero, que ofrezca una integración mental y física tan completa durante cada clase y sesión de entrenamiento. Agregue acondicionamiento físico a su rutina diaria mientras se entrena para dominar este arte marcial.

Esperamos que este libro de *jiu-jitsu* brasilero para principiantes lo haya ayudado a comenzar su viaje hacia el dominio de este arte. Profundice en la información proporcionada para mejorar sus conocimientos de BJJ y convertirse en un luchador bien preparado.

Vea más libros escritos por Clint Sharp.

Referencias

Cinco consejos para mejorar su presión en el *jiu-jitsu*. (2020, February 24). Jiujitsu-News.Com. https://jiujitsu-news.com/5-tips-to-improve-your-pressure-jiu-jitsu-style/

Más de cuarenta sumisiones del *jiu-jitsu* brasilero que debe conocer. (2020, September 7). Bjjsuccess.Com. https://www.bjjsuccess.com/brazilian-jiu-jitsu-submissions/

Acción-reacción en el *jiu-jitsu*. (2020, January 29). Jiujitsu-News.Com. https://jiujitsu-news.com/action-reaction-in-jiu-jitsu/

Barra, G. (2014, July 31). Cinco consejos para ejercer presión y ser pesado para su oponente. - Gracie Barra. Graciebarra.Com. https://graciebarra.com/gb-news/tips-pressure-opponent/

Barra, G. (2021, January 25). Por qué el *jiu-jitsu* brasilero es la mejor técnica de defensa personal. Graciebarra.Com. https://graciebarra.com/chandler-az/why-brazilian-jiu-jitsu-is-good-for-self-defense/

Bjj, A. S. (n.d.). Aprenda secuencias de BJJ - Combinaciones del *jiu-jitsu* brasilero. Pureartbjj.Com. from https://www.pureartbjj.com/blog/bjj-sequences-combinations/

BJJ para defensa persona: Resumen completo por un experto. (2020). https://theselfdefenceexpert.com/bjj-for-self-defence/

BJJEE. (2020a, February 20). Cómo usar exitosamente el principio de acción-reacción en la lucha cuerpo a cuerpo. Bjjee.Com. https://www.bjjee.com/articles/successfully-use-action-reaction-principles-grappling/

BJJEE. (2020b, April 14). Marcelo Garcia en cómo usar combinaciones para someter oponentes. Bjjee.Com.

https://www.bjjee.com/articles/marcelo-garcia-on-how-to-use-combinations-to-finish-opponents/

bjjmindset. (2013, June 7). Acción-reacción. Wordpress.Com. https://bjjmindset.wordpress.com/2013/06/07/action-and-reaction/

BjjTribes. (2020, September 20). ¿Cuántas guardias hay en el BJJ? La lista definitiva de todas las posiciones de guardia del *jiu-jitsu* brasilero. Bjjtribes.Com. https://bjjtribes.com/list-of-all-of-the-guard-positions-in-brazilian-jiu-jitsu/

Jiu-jitsu brasilero – todo acerca del arte suave. (2019, October 3). Bjj-World.Com. https://bjj-world.com/brazilian-jiu-jitsu/

¿Qué es el *jiu-jitsu* brasilero? (2020, April 29). Jiujitsu-News.Com. https://jiujitsu-news.com/brazilian-jiu-jitsu-what-is-it/

Jiu-jitsu brasilero. (2020, January 29). Jiujitsu-News.Com. https://jiujitsu-news.com/brazilian-jiu-jitsu-style/

Bryers, M. (2018, December 13). Los tres mejores derribos del *jiu-jitsu* brasilero. Jiujitsuct.Com. https://www.jiujitsuct.com/3-takedowns-bjj

de Los Reyes, J. (2016, June 15). Fortalezas y debilidades de cada arte marcial para la defensa personal. Kombatarts.Com. https://kombatarts.com/strengths-weaknesses-martial-art-self-defense/

Evolve, M. M. A. (2018a, January 29). Las tres primeras sumisiones que usted debería dominar en el *jiu-jitsu* brasilero. Evolve-Mma.Com. https://evolve-mma.com/blog/the-first-3-submissions-you-should-master-in-brazilian-jiu-jitsu/

Evolve, M. M. A. (2018b, March 31). Cinco movimientos básicos que los principiantes de BJJ deben perfeccionar. Evolve-Mma.Com. https://evolve-mma.com/blog/5-basic-bjj-movements-beginners-need-to-perfect/

Evolve, M. M. A. (2019, January 6). Los tres mejores derribos del BJJ para principiantes. Evolve-Mma.Com. https://evolve-mma.com/blog/the-3-best-bjj-takedowns-for-beginners/

Fanatics Authors. (n.d.). !Cinco derribos esenciales del BJJ Takedowns! Bjjfanatics.Com. from https://bjjfanatics.com/blogs/news/five-essential-bjj-takedowns

Cuatro principios esotéricos para el desarrollo de habilidades en artes marciales. (2019, December 3). Sonnybrown.Net. https://www.sonnybrown.net/principles-martial-arts-skill-development/

Freeman, D. (2021a, May 14). *Jiu-jitsu* brasilero vs *jiu-jitsu* japonés: Las diferencias que usted debería conocer. Bjjgireviews.Com. https://bjjgireviews.com/brazilian-jiu-jitsu-vs-japanese-jiu-jitsu/

Freeman, D. (2021b, May 26). Diez consejos para iniciar en el *jiu-jitsu* brasilero. (2021). Bjjgireviews.Com. https://bjjgireviews.com/get-started-in-bjj/

Freeman, D. (2021c, June 3). Los mejores ejercicios individuales de BJJ que puede hacer en su propia casa (TODOS LOS DÍAS). Bjjgireviews.Com. https://bjjgireviews.com/bjj-solo-drills

guy. (2019, September 20). Ocho errores típicos de los principiantes en el *jiu-jitsu* brasilero. Bjjnc.Com. https://www.bjjnc.com/8-mistakes-typically-made-by-brazilian-jiu-jitsu-beginners/

Cómo funcionan todas las llaves de sumisión en el *jiu-jitsu* brasilero. (2020, September 2). Bjj-World.Com. https://bjj-world.com/brazilian-jiu-jitsu-submission-holds/

BJJ intermedio: Construir combinaciones para someter. (2016, March 31). Jiujitsutimes.Com. https://jiujitsutimes.com/intermediate-bjj-building-submission-combinations/

Jiu Jitsu, L. (2020, April 1). Los diez mejores ejercicios individuales de BJJ para hacer en casa. Jiujitsulegacy.Com. https://jiujitsulegacy.com/health/strength-conditioning/10-best-bjj-drills-you-can-do-home-alone/

Manejo de la energía en peleas de *jiu-jitsu*. (2020, January 29). Jiujitsu-News.Com. https://jiujitsu-news.com/jiu-jitsu-fight-energy-management/

Kesting, S. (2016, June 18). 37 sumisiones poderosas de BJJ para luchadores cuerpo a cuerpo. Grapplearts.Com. https://www.grapplearts.com/37-powerful-bjj-submissions-for-grapplers/

Kesting, S. (2018, January 16). *Jiu-jitsu* vs BJJ. Grapplearts.Com. https://www.grapplearts.com/japanese-jiujitsu-vs-bjj/

Kesting, S. (2021, March 1). Los diez mejores lanzamientos y derribos del BJJ. Grapplearts.Com. https://www.grapplearts.com/top-10-throws-and-takedowns-for-bjj/

leticiamedeiros. (2018, November 26). Derribos de *jiu-jitsu* - Gracie Barra. Graciebarra.Com. https://graciebarra.com/gb-learning/takedowns-for-jiu-jitsu/

Marlin, S. (2018, December 14). La diferencia entre el *jiu jitsu* y el BJJ. Martialboss.Com. https://martialboss.com/jiu-jitsu-vs-bjj

Técnicas de agarre de artes marciales (principiantes y avanzadas). (2018, September 7). Blackbeltwiki.Com. https://blackbeltwiki.com/grappling

Explicación de la guardia abierta vs guardia cerrada en el BJJ. (2021, January 27). Jiujitsu-News.Com. https://jiujitsu-news.com/open-guard-vs-closed-guard/

Ruiz, B. (2020, May 11). 23 derribos efectivos en el BJJ. Mma-Today.Com. https://www.mma-today.com/bjj-takedowns-judo-throws/

Scandinavia, B. J. J. (2016, October 13). Todas las guardias del *jiu-jitsu* brasilero (con videos) - BJJ Scandinavia. Bjjscandinavia.Com. http://www.bjjscandinavia.com/2016/10/13/all-guards-in-brazilian-jiu-jitsu-with-videos/

Skoczylas, N. (2020a, October 19). *Jiu-jitsu* japonés vs. *jiu-jitsu* brasilero. Projectbjj.Com. https://projectbjj.com/japanese-jiu-jitsu-vs-brazilian-jiu-jitsu/

Skoczylas, N. (2020b, October 28). ¿Cuáles son los fundamentos del jiu-jitsu brasilero? Projectbjj.Com. https://projectbjj.com/what-are-the-fundamentals-in-brazilian-jiu-jitsu/

Smith, A. (2017, November 11). Combinaciones en BJJ. HowTheyPlay. https://howtheyplay.com/individual-sports/Combinations-in-BJJ

Spot, B. (2017, November 20). Seis errores comunes del BJJ que debe evitar. Bjj-Spot.Com. https://www.bjj-spot.com/common-bjj-mistakes/

Spot, B. (2018a, April 29). Ejercicios básicos de BJJ para todos los días. Bjj-Spot.Com. https://www.bjj-spot.com/basic-bjj-drills/

Spot, B. (2018b, September 27). Retención de guardia – movimientos y principios importantes. Bjj-Spot.Com. https://www.bjj-spot.com/guard-retention/

Los 17 beneficios comprobados del *jiu-jitsu* brasilero. (2020, February 11). Bjjsuccess.Com. https://www.bjjsuccess.com/benefits-of-brazilian-jiu-jitsu/

Los beneficios de tomar una clase de lucha de agarre. (n.d.). Nymaa.Com. from https://www.nymaa.com/martial-arts-blog/The-Benefits-of-Taking-a-Grappling-Class_AE92.html

La mejor rutina de estiramientos del BJJ moderno para mejorar la lucha de agarres. (2020, April 27). Bjjsuccess.Com. https://www.bjjsuccess.com/stretching-for-bjj/

Sumisiones fundamentales de BJJ. (2020, November 4). Youjiujitsu.Com. https://youjiujitsu.com/the-fundamental-bjj-submissions/

El juego de la presión en el *jiu-jitsu*. (2015, March 23). Jiujitsutimes.Com. https://jiujitsutimes.com/the-pressure-game-in-jiu-jitsu/

Las cuatro técnicas de defensa personal del BJJ que debe conocer. (2016, March 10). Jiujitsutimes.Com. https://jiujitsutimes.com/the-top-4-bjj-self-defence-techniques-you-should-know/

La verdadera historia del *jiu-jitsu* brasilero. (2020, April 9). Bjjsuccess.Com. https://www.bjjsuccess.com/history-of-brazilian-jiu-jitsu/

El análisis DEFINITIVO de la «PRESIÓN». (2016, June 19). Jiujitsutimes.Com. https://jiujitsutimes.com/ultimate-analysis-pressure/

La guía definitiva de *jiu-jitsu* brasilero para principiantes. (2020, January 4). Middleeasy.Com. https://middleeasy.com/guides/jiu-jitsu-guide/

(N.d.-a). Findyourgi.Com. Retrieved from https://findyourgi.com/what-is-bjj/

(N.d.-b). Letsrollbjj.Com. Retrieved from https://www.letsrollbjj.com/bjj-white-belt-tips/

Cinco cualidades que buscar en un instructor de *jiu-jitsu* brasilero. (2016, February 27). Jiujitsutimes.Com. https://jiujitsutimes.com/5-qualities-to-look-for-in-a-brazilian-jiu-jitsu-instructor/

Barra, G. (2015, July 4). El «secreto» para mejorar en BJJ - Gracie Barra. Graciebarra.Com. https://graciebarra.com/gb-news/the-secret-bjj/

Battle Arts Academy. (2019, December 28). Cómo mejorar en *jiu-jitsu* brasilero: Los mejores consejos para principiantes. Battleartsacademy.Ca. https://www.battleartsacademy.ca/post/how-to-get-better-at-brazilian-jiu-jitsu-the-top-tips-for-beginners

Park, J. (2014, June 13). 57 consejos para el entrenamiento de cinturones blancos es *jiu-jitsu* brasilero. Crazy88mma.Com. https://www.crazy88mma.com/57-training-tips-for-brazilian-jiu-jitsu-white-belts/

www.ingramcontent.com/pod-product-compliance
Lightning Source LLC
Chambersburg PA
CBHW071859090426
42811CB00004B/675